SOMM

INFOS PRATIQUES — p 2

- Choisir sa randonnée. Quand randonner ? Se rendre sur place............ p 2
- Boire, manger et dormir dans la région............ p 3
- Comment utiliser le guide ?............ p 4-5
- Des astuces pour une bonne rando............ p 6
- Où s'adresser............ p 8

DÉCOUVRIR LE MANS ET SES ENVIRONS — p 11

LES PROMENADES ET RANDONNÉES — p 16

N°	et Nom du circuit	durée	page	N°	et Nom du circuit	durée	page
1	La Cornuère	2 h 10	16	11	En bordure d'Huisne	2 h	40
2	Autour de l'Orne Champenoise	3 h	18	12	La prairie bocagère	2 h 40	42
3	Les chemins creux de Pruillé-le-Chétif	1 h 20	20	13	Le poumon vert de l'Arche	3 h	44
4	Entre bois et marnières pruilléens	3 h	22	14	La pierre de saint Roch	3 h	46
5	A l'orée du bois de Rouillon	1 h 10	24	15	Les chemins médiévaux	3 h	48
6	Sur les traces gallo-romaines	3 h	26	16	Le circuit du Houx	2 h 20	50
7	La balade de St-Christophe	2 h 20	28	17	L'Arche-aux-Moines	3 h 30	52
8	Balade au bord de l'eau	1 h 40	30	18	Sentier de La Perche	3 h	54
9	Balade dans le vieux Mans	2 h	32	19	Le trésor des Goderies	3 h	58
10	De la cathédrale du Mans au pont des Vendéens	5 h 30	36	20	Les étangs de Loudon	2 h 40	60

Classement des randonnées

- Très facile
- Facile
- Moyen
- Difficile

INDEX DES NOMS DE LIEUX — p 64

INFOS PRATIQUES

Choisir sa randonnée

Les randonnées sont classées par ordre de difficulté.

Elles sont différenciées par des couleurs dans la fiche pratique de chaque circuit.

très facile — Moins de 2 heures de marche
Idéale à faire en famille, sur des chemins bien tracés.

facile — Moins de 3 heures de marche
Peut être faite en famille. Sur des chemins, avec quelquefois des passages moins faciles.

moyen — Moins de 4 heures de marche
Pour randonneur habitué à la marche. Avec quelquefois des endroits assez sportifs ou des dénivelés.

difficile — Plus de 4 heures de marche
Pour randonneur expérimenté et sportif. L'itinéraire est long ou difficile (dénivelé, passages délicats), ou les deux à la fois.

Durée de la randonnée

La durée de chaque circuit est donnée à titre indicatif. Elle tient compte de la longueur de la randonnée, des dénivelés et des éventuelles difficultés.

Pas de complexe à avoir pour ceux qui marchent à « deux à l'heure » avec le dernier bambin, en photographiant les fleurs.

Quand randonner ?

■ **Automne-hiver :** les forêts sont somptueuses en automne, les champignons sont au rendez-vous (leur cueillette est réglementée), et déjà les grandes vagues d'oiseaux migrateurs animent l'air froid.

■ **Printemps-été :** les mille coloris des fleurs enchantent les jardins, les bords des chemins et les champs.

■ Les journées longues de l'été permettent les grandes randonnées, mais attention aux coups de chaleur. Il faut boire beaucoup d'eau.

■ En période de chasse, certaines randonnées sont déconseillées, voire interdites (sauf le mercredi, jour non chassé). Se renseigner en mairie.

Avant de partir, il est recommandé de s'informer sur le temps prévu pour la journée, en téléphonant à Météo France : 08 92 68 02 72

INFOS PRATIQUES

Pour se rendre sur place

En voiture
Tous les points de départ sont facilement accessibles par la route.
Un parking est situé à proximité du départ de chaque randonnée.
Ne laissez pas d'objet apparent dans votre véhicule.

Par les transports en commun
■ Les horaires des trains SNCF sont à consulter dans les gares, par téléphone au 08 36 35 35 35, ou sur Minitel 3615 *SNCF*, internet : www.sncf.fr

■ Pour se déplacer en car : se renseigner auprès des Offices de tourisme et Syndicats d'initiative.

Où boire, manger et dormir dans la région ?

Un pique nique sur place ?
Chez l'épicier du village, le boulanger ou le boucher, mille et une occasions de découvrir les produits locaux.

Pour découvrir un village ?
Des terrasses sympathiques où souffler et prendre un verre.

Une petite faim ?
Les restaurants proposent souvent des menus du terroir. Les tables d'hôtes et les fermes-auberges racontent dans votre assiette les spécialités du coin.

Une envie de rester plus longtemps ?
De nombreuses possibilités d'hébergement existent dans la région.

Boire, manger et dormir dans la région ?

	ALIMENTATION	RESTAURANT	CAFÉ	HEBERGEMENT
Allonnes	X	X	X	
Arnage	X	X	X	X
Changé	X	X	X	X
Coulaines	X	X	X	
Étival-lès-le-Mans	X	X	X	
La Chapelle-Saint-Aubin	X	X	X	
Le Mans	X	X	X	X
Mulsanne	X	X	X	X
Parigné-l'Évêque	X	X	X	X
Pruillé-le-Chétif			X	
Rouillon	X		X	
Ruaudin	X	X	X	X
Saint-Georges-du-Bois	X	X	X	
Sargé-lès-le-Mans	X	X	X	
Yvré-l'Évêque	X	X	X	X

COMMENT UTILISER LE GUIDE ?

La randonnée est reportée en rouge sur la carte IGN

Rivière

Village

La forêt (en vert)

La fabrication de l'ocre

Le minerai brut d'extraction doit être lavé pour séparer l'ocre marchande des sables inertes. L'eau délaie la matière brute qui décante pendant le trajet pour ne laisser subsister que de l'ocre pur que le courant emporte dans les bassins. Après plusieurs jours de repos dans les bassins, l'eau de surface ne contient plus d'ocre. La couche d'ocre déposée au fond peut atteindre 70 à 80 cm d'épaisseur. Encore à l'état pâteux, la surface de l'ocre est griffée à l'aide d'un carrelet. Elle est ensuite découpée à la bêche et entassée en murs réguliers où les briquettes d'ocre achèvent de sécher. Le matériau part ensuite pour l'usine où s'achèvera son cycle de préparation : broyage, blutage et cuisson.

Colorado provençal. Photo D. G.

52

Pour en savoir plus

4

Fiche pratique

Nom et Numéro de la randonnée

Pour se rendre sur place

Le Sentier des Ocres

Cet itinéraire présente le double avantage d'une découverte à la fois panoramique et intime des ocres.

❶ Du parking, emprunter la route vers l'Est.

❷ Dans le prochain virage à gauche, prendre à droite l'ancien chemin de Rustrel à Viens qui descend vers la Doa. Franchir le torrent. Passer à côté d'un cabanon en ruine. Un peu plus haut, le chemin surplombe un cirque de sables ocreux.

❸ Laisser le GR® 6 à gauche. Plus haut le chemin surplombe le ravin de Barries et le moulin du même nom. En haut du vallon de Barries, prendre à gauche une route.

❹ Au carrefour suivant, tourner à droite.

❺ Après une petite ferme entourée de cèdres et de cyprès, prendre à droite le chemin qui parcourt le rebord du plateau.

❻ Après une courte descente, prendre à droite. Suivre le haut du ravin des Gourgues. Ne pas prendre le prochain sentier sur la gauche. A la bifurcation suivante, prendre à gauche le sentier à peu près horizontal qui s'oriente vers l'Ouest. Un peu plus loin, longer une très longue bande de terre cultivée. Se diriger vers la colline de la Croix de Cristol.

❼ Au pied de celle-ci, prendre à droite le sentier qui descend vers Istrane. Il s'agit de l'ancien chemin de Caseneuve à Rustrel. Une éclaircie ouvre des points de vue sur les pentes ravinées de Couvin, sur la chapelle de Notre-Dame-des-Anges et sur Saint-Saturnin-lès-Apt. Au fur et à mesure de la descente, la végétation change de physionomie pour laisser place à des espèces qui affectionnent les terrains sableux. Franchir la Doa et remonter la route jusqu'à Istrane.

❽ Au croisement, prendre à droite l'ancien chemin de la poste. Passer à proximité d'une ancienne usine de conditionnement de l'ocre, puis à côté de Bouvène. Avant de regagner le point de départ, on peut remarquer le site des Cheminées de Fées (colonnes de sables ocreux protégées par des blocs de grès).

Fiche pratique 17

3 h • 9 Km
572m / 345m

Situation : Rustrel sur la D 22 à 13 km au Nord-Est d'Apt.

Parking communal de Rustrel

Balisage
❶ à ❸ blanc-rouge
❸ à ❶ jaune

Difficulté particulière
■ passages raides dans la descente sur Istrane

Ne pas oublier

À voir

En chemin
■ Gisements de sables ocreux
■ Chapelle Notre-Dame-des-Anges

Dans la région
■ Roussillon : sentier des aiguilles et usine Mathieu, consacrés à l'exploitation de l'ocre.

53

Description précise de la randonnée

---

3 h ← Temps de marche à pied
9 Km ← Longueur

Classement de la randonnée :

■ Très facile   ■ Moyen
■ Facile   ■ Difficile

572m / Point le plus haut
345m / Point le plus bas

P Parking

Balisage des sentiers *(voir page 7)*

⚠ Attention

Prévoir des jumelles

Prévoir une lampe de poche

Emporter de l'eau

Sites et curiosités à ne pas manquer en chemin

Autres découvertes à faire dans la région

5

INFOS PRATIQUES PR

Des astuces pour une bonne rando

■ Prenez un petit sac pour y mettre la gourde d'eau, le pique-nique et quelques aliments énergétiques pour le goûter.
Le temps peut changer très vite lors d'une courte randonnée. Un coupe-vent léger ou un vêtement chaud et imperméable sont conseillés suivant les régions.
En été, pensez aux lunettes de soleil, à la crème solaire et au chapeau.

■ La chaussure est l'outil premier du randonneur. Elle doit tenir la cheville. Choisissez-la légère pour les petites randonnées. Si la rando est plus longue, prévoyez de bonnes chaussettes.

■ Mettre dans son sac à dos l'un de ces nouveaux petits guides sur la nature qui animera la randonnée. Ils sont légers et peu coûteux. Pour reconnaître facilement les orchidées sauvages et les différentes fougères. Cela évite de marcher n'importe où et d'écraser des espèces rares ou protégées.

■ Pour garder les souvenirs de la randonnée, des fleurs et des papillons, rien de tel qu'un appareil photo.

■ Les barrières et les clôtures servent à protéger les troupeaux ou les cultures. Une barrière ouverte sera refermée.

■ Les chiens sont tenus en laisse. Ils sont interdits dans les parcs nationaux et certaines zones protégées.

SUIVEZ LE BALISAGE POUR RESTER SUR LE BON CHEMIN.

LE BALISAGE DES SENTIERS	PR®	GR®	GRP®
Bonne direction	—	—	—
Tourner à gauche	⌐	⌐	⌐
Tourner à droite	⌐	⌐	⌐
Mauvaise direction	X	X	X

© FFRP - Reproduction interdite

Vous pourrez rencontrer d'autres couleurs de balisage sur le terrain. Elles sont indiquées dans la fiche pratique de chaque circuit.

PR LE CHATEAU 2h

Topo-guide des sentiers de Grande randonnée®, sentiers de Grande randonnée® GR®, GR® Pays, PR®, «... à pied®», « les environs de .... à pied® » ainsi que les signes de couleur blanc/rouge et jaune/rouge sont des marques déposées par la FFRP. Nul ne peut les utiliser sans l'autorisation de la FFRP.

INFOS PRATIQUES

Où s'adresser ?

■ Comité départemental du Tourisme (CDT)

Le CDT publie des brochures (gratuites) mises à jour sur les activités, les séjours et l'hébergement dans le département ainsi que la liste des Offices de tourisme et Syndicats d'initiative :

• CDT de la Sarthe, 40, rue Joinville, 72000 Le Mans, tél. 02 43 40 22 50, internet : http://tourisme.sarthe.com

■ Office de tourisme

Il peut également vous renseigner :

- Office de tourisme du Mans, Hôtel des Ursulines, rue de l'Étoile, 72000 Le Mans, tél. 02 43 28 17 22, fax 02 43 28 12 14

■ La Fédération française de la randonnée pédestre (FFRP)

• Le Centre d'Information *Sentiers et Randonnée*
Pour tous renseignements sur la randonnée pédestre en France et sur les activités de la FFRP
14, rue Riquet, 75019 Paris, tél. 01 44 89 93 93, fax 01 40 35 85 67
e-mail : info@ffrp.asso.fr ; Internet : www.ffrp.asso.fr

• Comité Régional de la Randonnée Pédestre (CRRP)
CRRP Pays de la Loire, C/O Marc Bodin, Maison des Sports,
44, rue Romain Rolland, 44103 Nantes cedex 04

• Comité Départemental de la Randonnée Pédestre (CDRP)
CDRP de la Sarthe, Maison Départementale des Sports,
32, rue Paul Courboulay, 72000 Le Mans, tél./fax 02 43 43 57 79

■ Divers

- A.D.V.L., 3, boulvrad René Levasseur, 72000 Le Mans,
tél. 02 43 39 95 00, fax 02 43 39 95 09
- Escap'Le Mans, 1, boulevard René Levasseur, BP 89, 72002 Le Mans,
tél. 02 43 24 93 15, fax 02 43 28 46 29

La Sarthe vous ouvre son cœur

SARTHE
Conseil Général

contact : www.sarthe.com/tourisme – Tél. 02 43 40 22 50

Comité départemental du tourisme de la Sarthe – 40, rue Joinville – 72000 Le Mans

Pour de vraies vacances à la campagne

l'Arche de la Nature

La nature aux portes de la ville

L'Arche de la Nature est un site naturel de 450 hectares aux portes du Mans. Ce domaine préservé présente aux publics les grands paysages du Maine : forêt, bocage, landes, zones humides, rivières qui abritent chevreuils, sangliers, faisans, piverts, martins pêcheurs, papillons...

En plus du GR®36 qui traverse le site, de nombreux chemins accueillent promeneurs et randonneurs. Trois circuits thématiques autour de l'eau du bocage et de la forêt guident le visiteur au cœur du domaine.

Des stages et des sorties "nature" sont proposés toute l'année. D'une durée d'une matinée à plusieurs jours, insectes, oiseaux, confitures, champignons, apiculture, macro-vidéo, des dizaines de thèmes différents sont étudiés avec les conseils d'un spécialiste de la discipline.

Pour en savoir plus, rendez-vous sur les chemins de l'Arche de la Nature.

Renseignements au :
02 43 50 38 45.
Internet : www.arche-nature.org

Une rivière grandeur nature

Un bocage secret

Au cœur de la forêt

l'Arche de la Nature
COMMUNAUTE URBAINE DU MANS

Découvrir Le Mans et ses environs

Bords de Sarthe au Mans (*photo B.V./V. M*) et pigeon biset (*dessin P. R.*)

Maison du Pilier aux Clefs, *photo B.V./V. M.*

Une ville au cœur d'un département harmonieux

Région où il fait bon vivre, la Sarthe offre un paysage modéré et contrasté à la fois. À 45 kilomètres des départements voisins, Le Mans en est le pivot. Au Nord, les Alpes Mancelles culminent à 290 mètres alors que le signal de Perseigne atteint les 340 mètres. Au Sud, la vigne occupe une large place produisant le « Jasnières ». En se tournant vers l'Ouest, nous imaginons déjà la Bretagne, tandis qu'à l'Est nous abordons l'Ile-de-France. Prudence et réflexion au Nord, accueil et douceur de vivre au Sud, tels sont nos principaux traits de caractère. Irriguée par trois rivières et près de cinq cents ruisseaux, parsemée de nombreux châteaux et manoirs, notre région fut de tout temps un carrefour recherché. Occupation romaine, invasion viking, domination normande, règne des Plantagenets, guerre de Cent Ans, Moyen Age, Renaissance, Réforme, Révolution, guerres successives ont laissé de nombreux témoignages. La Sarthe reste cependant à échelle humaine : on y séjourne, on la visite en se jurant d'y revenir !

Maison à colombages, *photo B.V./V. M.*

La randonnée : une passion FFRP !

Des sorties-randos accompagnées, pour tous les niveaux, sur une journée ou un week-end : plus de 2000 associations sont ouvertes à tous, dans toute la France.

Un grand mouvement pour promouvoir et entretenir les 180 000 km de sentiers balisés. Vous pouvez vous aussi vous impliquer dans votre département.

FFRP

Des stages de formations d'animateurs de randonnées, de responsables d'association ou encore de baliseurs, organisés toute l'année.

Une garantie de sécurité pour randonner bien assuré, en toute sérénité, individuellement ou en groupe, grâce à la licence FFRP ou à la RandoCarte.

Pour connaître l'adresse du Comité de votre département, pour tout savoir sur l'actualité de la randonnée et découvrir la collection des topo-guides :

www.ffrp.asso.fr

Centre d'Information de la FFRP
14, rue Riquet 75019 Paris - Tél : 01 44 89 93 93
Ouvert du lundi au samedi de 10h à 18h.

Diversité de la faune

Les étangs, le bocage et la forêt, permettent d'apprécier la diversité de la faune. Au gré des randonnées, on apercevra le grèbe huppé, ou le héron cendré. L'hiver, on observera la foulque macroule. Avec patience et chance, on sera émerveillé par le vol du martin-pêcheur, au ras de l'eau. Le bocage n'est pas en reste : pie-grièche, bruant jaune, mésange bleue, merle noir, rouge-gorge, huppe fasciée sont autant d'oiseaux, plus ou moins familiers, dont les chants mélodieux apportent une note de gaîté dans notre univers. Il faudra aussi être à l'affût pour observer le renard au petit matin, et si l'on croise, de nuit, un hérisson, laissons lui sa chance, il va rejoindre sa compagne ! En forêt, la discrétion est de mise si l'on veut voir évoluer le cerf, le chevreuil ou le sanglier. Il n'en sera pas de même pour l'hermine très effrontée ! Quant aux oiseaux, le pic-épeiche, l'engoulevent et les rapaces familiers de la région, tels que l'émouchet (faucon crécerelle), le busard ou la bondrée apivore, retiennent l'attention.

Faucon crécerelle, aussi appelé émouchet, dessin P. R.

Pic vert (à gauche, photo R. L.), lapin de garenne (photo L. T./A.N.) et martin-pêcheur (photo R. L.)

Une flore colorée toute l'année

Tout autour du Mans, malgré l'étendue constante de l'habitat de la ville et des communes périphériques, on est agréablement surpris de trouver un bocage très bien conservé, avec de vieux vergers de cerisiers, pommiers, poiriers et même cormiers, ainsi que des chemins creux, bordés de haies vives, vieux de plusieurs siècles. Tout au long des saisons, les chemins sont égayés par les couleurs de la haie et les nombreuses fleurs. Au printemps, les arbustes de la haie : aubépine, prunellier, cornouiller sanguin, fusain d'Europe, mais aussi robinier, faux acacia, cytise, houx, érable champêtre se parent de blanc, de rose et de jaune. Ils offrent ensuite, en automne, les nuances éclatantes de leurs fruits et de leur feuillage. Presque toute l'année, sur les bords du sentier, s'épanouissent de nombreuses fleurs. La diversité des espèces est très grande, leurs formes et leurs couleurs très variées : violette, jacinthe, stellaire holostée, primevère, compagnon blanc, digitale… sans oublier les superbes orchidées. C'est un régal pour les yeux du randonneur !

13

Le Mans,
une sacrée nature

balades · culture · sport · jardins · visites · tournages · cinéma · histoire · vieux mans · musée · trésors · patrimoine

Renseignements, visites guidées, billetterie :
02 43 28 17 22
Office de tourisme
rue de l'Étoile · Le Mans
e-mail : tourisme@ville-lemans.fr

VILLE DU MANS

En chemin, à Pruillé..., *photo J. R.*

Un patrimoine gastronomique unique

Au Nord-Est des Pays de la Loire, la Sarthe est une véritable corne d'abondance. Porcs, volailles, pommes et cidres sont les ingrédients principaux de la cuisine du Maine. Rillettes et boudin blanc, fricassée de poulet, chapon au Jasnières, oie rôtie, dindon et pintade aux choux font saliver nombre de gourmets. Que dire de la fameuse marmite sarthoise dans laquelle entrent poulet, jambon et lapin ? La pomme tient une grande place dans la cuisine mancelle tant en légume qu'en fruit. Pour le dessert, tourte, bourdon ou encore aumônière comblent de joie. Avant d'attaquer ces plats de résistance, certaines tables proposent parfois sandre ou brochet que les pêcheurs savent taquiner, sans oublier les petites fritures de gardons ou l'anguille plus rare. Le champignon de Paris ou agaric des champs est produit dans les caves en tuffeau de la vallée du Loir, tandis que le kiwi de Nouvelle-Zélande a trouvé hospitalité non loin du Mans. Plus étonnant encore est le pâté de ragondin (ou myocastor). Quant au petit « sablé » né en 1923, sa notoriété n'est plus à faire. Quand une table vous propose un tel menu, il est raisonnable de s'abreuver. Associé au cassis, le cidre peut être une excellente entrée en matière. Selon les goûts, on peut poursuivre avec un Coteau-du-Loir, blanc, rosé ou encore rouge issu du pineau d'Aunis, servi entre 12 et 15°. Le fameux Jasnières planté en chenin blanc, de couleur jaune d'or, ferme en bouche, au bouquet floral est un excellent vin de garde. Il n'est pas de bon repas qui ne soit interrompu par un « trou normand » où finisse dans, ou à côté, du café, l'eau-de-vie de cidre ou de poire apportant la dernière note à ce festin qui aura été, comme il se doit, largement noyé d'eau de source sarthoise puisée dans les sables cénomaniens, tout près du Mans.

Du brochet pour les gourmets..., *dessin P. R.*

En revenant du marché..., *photo L.T./A.N.*

15

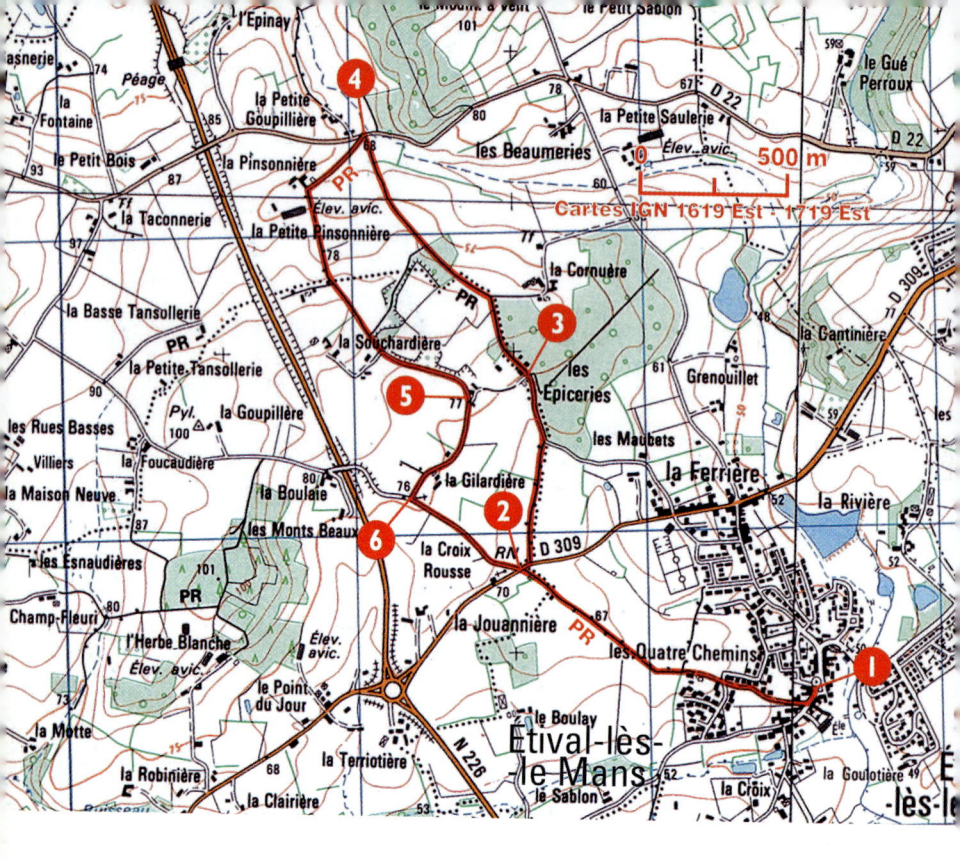

Le trésor d'Étival

Le trésor gallo-romain d'Étival-lès-Le Mans (signifiant étymologiquement lieu frais agréable, où l'on passe l'été) fut découvert, en 1908, à la surface du sol au lieudit « champ du Petit-Grenouillet ».
Un coup de pioche brisa un vase de terre contenant 3 369 pièces de bronze et d'argent portant les effigies de quatorze souverains et souveraines. Parmi ceux-ci, se trouvent Postume, les Tetricus et Victorin, c'est-à-dire une période comprise entre 258 et 273. C'est vers 269 qu'il faut placer l'enfouissement de ce trésor, au cours du règne de Claude II.

La croix Rousse,
photo J.R.

La Cornuère

Fiche pratique 1

2h10 — 6,5 Km
85m / 55m

La ferme de la Cornuère fut construite sur l'emplacement d'un ancien château détruit en 1715, dont une partie des matériaux servit à bâtir l'auberge du Croissant au Mans. En lisière de ce domaine privé, le promeneur découvrira un vaste panorama.

Aubépine, dessin N.L.

Situation Étival-lès-le-Mans, à 10 km au Sud-Ouest du Mans par la D 309

Parking place de l'Église

Balisage jaune

Ne pas oublier

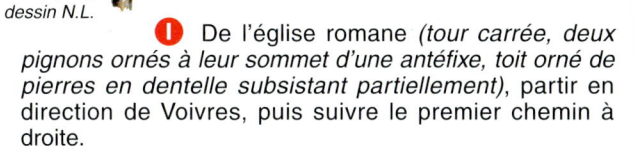

❶ De l'église romane *(tour carrée, deux pignons ornés à leur sommet d'une antéfixe, toit orné de pierres en dentelle subsistant partiellement)*, partir en direction de Voivres, puis suivre le premier chemin à droite.

❷ À la croix Rousse, emprunter la D 309 à droite sur quelques mètres, puis bifurquer à gauche. Continuer par la route, traverser le hameau des Épiceries.

❸ Poursuivre tout droit par le chemin, laisser à droite la ferme de la Cornuère *(vue à l'horizon, au Nord, sur le château de Vendœuvre)*, continuer et déboucher sur la D 22.

▶ Par la D 22 à droite, possibilité de rejoindre les circuits de Saint-Georges *(PR®2)* et de Pruillé-le-Chétif *(PR®3)*.

❹ Emprunter à gauche la D 22 sur quelques mètres, puis se diriger à gauche vers La Pinsonnière. Laisser à droite La Souchardière, puis déboucher sur une route.

▶ Ne pas s'engager dans le chemin privé à gauche.

❺ Continuer par la route à droite.

❻ Au carrefour, suivre la route à gauche pour revenir à la croix Rousse.

❼ Traverser la D 309 *(prudence)* et, par l'itinéraire utilisé à l'aller, retrouver Étival-lès-le-Mans.

À voir

En chemin

■ croix Rousse ■ point de vue près de la Cornuère ■ Étival-lès-le-Mans : église romane 11e-12e (retable 19e, copie du tableau de l'Assomption de Titien)

Dans la région

■ Étival-lès-le-Mans : curieuse maison à symétrie décalée (16, route de la Ferrière), étang de la Ferrière, fontaine du Moulin-à-Vent, maison bourgeoise (1890) de La Herpinière
■ Coulans-sur-Gée : château de Coulans

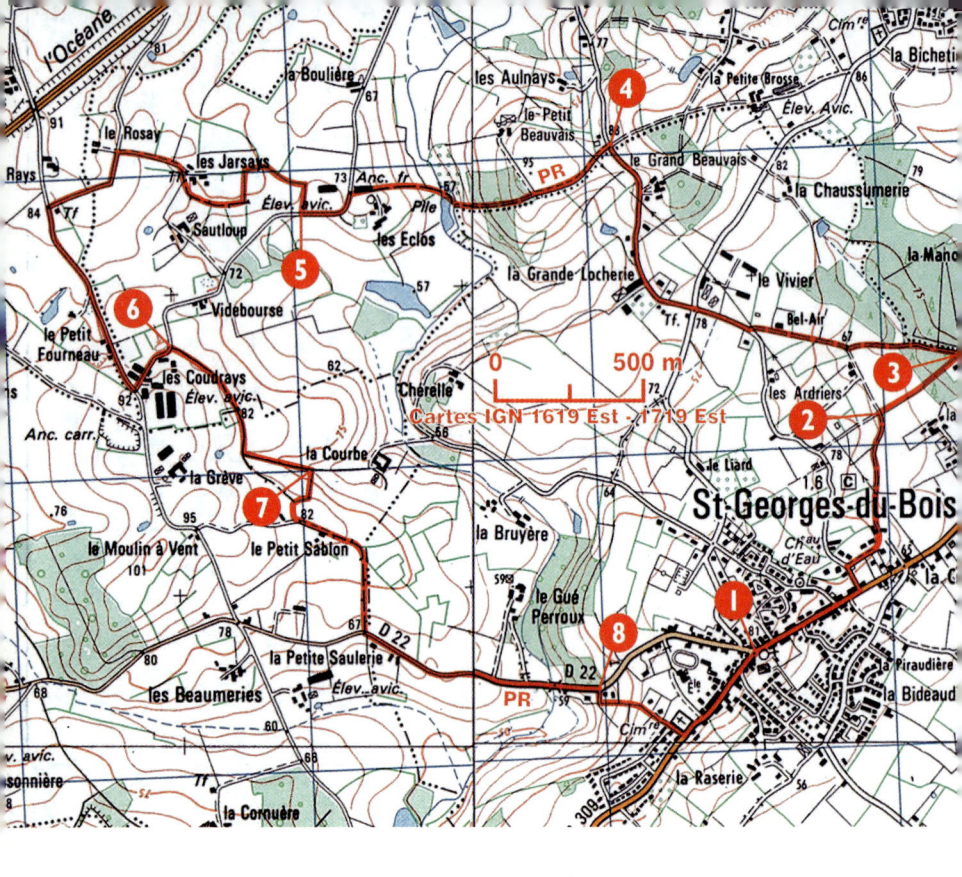

Histoire d'eau

L a rue des Fontaines est située à 100 mètres à gauche de la place de l'Église en se dirigeant vers Sablé.
Le haut de cette rue (en forte déclivité) a été équipé, de part et d'autre, de sept fontaines. Avant l'installation du réseau d'eau courante que l'on connaît de nos jours, l'alimentation en eau des habitants de la commune a toujours été un problème primordial et une source de conflits.
Ainsi, une de ces fontaines fut construite sur la gauche de la rue, à la fin du 19e siècle, à l'usage exclusif des seuls fonctionnaires (instituteurs) et du curé. Mais, en 1923, l'instituteur cita le maire en justice pour avoir autorisé le facteur-receveur à y puiser son eau.
Ce n'est qu'au milieu du 20e siècle que fut construit le château d'eau permettant l'installation d'un réseau d'eau potable pour l'ensemble de la population.

Chemin en sous-bois, photo G.B

Autour de l'Orne Champenoise — Fiche pratique 2

Rouge-gorge, *dessin P.R.*

Bordant la cuvette de la région mancelle, ce parcours adopte les reliefs de la Champagne sarthoise naissante.

❶ Du parking, partir en direction du Mans par la D 309, suivre la rue des Fouillées à gauche sur quelques mètres, puis s'engager à droite sur le chemin de Ty-Pikouss.

❷ À la croisée des quatre chemins, prendre celui de droite et atteindre une intersection.

▶ Jonction avec le PR® 4 qui vient d'en face.

❸ Emprunter le très vieux chemin à gauche. À Bel-Air, continuer par la route sur 1 km et arriver à un croisement.

▶ Séparation du PR® 4 qui poursuit tout droit.

❹ S'engager à gauche sur le chemin qui devient très creux en descendant vers l'Orne Champenoise. Franchir la passerelle et remonter vers la ferme des Éclos. Emprunter à gauche la route sur 200 m.

❺ Partir à droite sur le chemin qui longe une haie. Il zigzague et conduit aux Jarsays. Poursuivre, prendre la petite route à gauche, puis la route Fay-Étival encore à gauche sur 700 m. Après Le Petit-Fourneau, emprunter la route à gauche vers Pruillé-le-Chétif et passer les bâtiments du Bas-Coudray.

❻ S'engager à droite sur le chemin qui longe des cultures, puis descendre vers la ferme de la Courbe.

❼ 150 m avant la ferme, prendre le chemin à droite. Passer à gauche près du Petit-Sablon et emprunter la D 22 à gauche sur 800 m.

❽ Après le ruisseau, monter à droite par le chemin creux qui débouche, près du cimetière, sur la D 309. La suivre à gauche.

▶ La rue des Fontaines se trouve à droite.

Continuer tout droit et rejoindre l'église.

---

3 h
9,5 Km
90m / 59m

Situation Saint-Georges-du-Bois, à 8 km à l'Ouest du Mans par la D 309

Parking place de l'Église

Balisage jaune

Ne pas oublier

À voir

En chemin
■ vallée de l'Orne Champenoise ■ Saint-Georges-du-Bois : fontaines privées (rue des Fontaines) alimentant le bourg jusqu'en 1950

Dans la région
■ Saint-Georges-du-Bois : croix Sainte-Apolline (route du Mans) réputée combattre les rages de dents ■ Fay : châteaux de la Livaudière et de Vendœuvre, chapelle Sainte-Barbe ■ Souligné-Flacé : chartreuse de Belle-Fontaine (rendez-vous des Chouans en 1799)

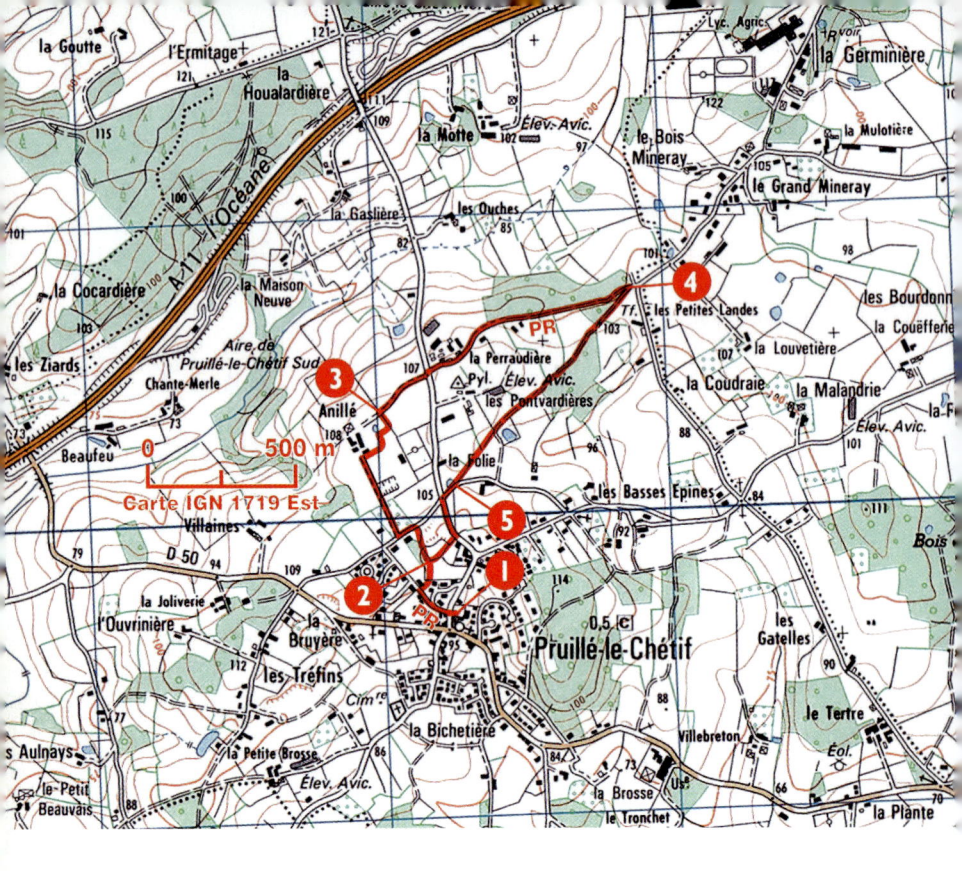

Un éventail botanique

L'ensemble sentier Botanique et sentier de la Nature permet l'observation de plus de cinquante espèces d'arbres et d'arbustes différents. Parmi ces essences, on trouve l'alisier (pour l'ébénisterie), le cormier (utilisé pour la fabrication de manches d'outils), le chêne, la clématite (plante grimpante à tiges ligneuses), le merisier (son bois est apprécié pour les sculptures), le néflier, la viorne et au lieudit La Vacherie (sentier jaune), un houx tricentenaire. Au fil des saisons, orchidées, anémones sylvestres viennent s'ajouter. Cette grande diversité est due à la variété du sol, Pruillé-le-Chétif se trouvant à la limite de zones géologiques dont la nature des sols est différente (sables, marnes, argiles).

Cormier, *dessin N.L*

Merisier, *dessin N.L*

Les chemins creux de Pruillé-le-Chétif

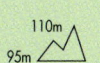

Fiche pratique 3

1 h 20 — 4 Km
110m / 95m

Le grand nombre d'espèces végétales répertoriées permettra une bonne initiation à la botanique locale.

Situation Pruillé-le-Chétif, à 7 km à l'Ouest du Mans par les D 309 et D 50

Parking près de l'église

Balisage fuchsia

❶ Tourner à droite derrière le puits et atteindre une marnière *(ancienne carrière d'où fut extraite, dans les années 1800, la marne servant à amender les terres sableuses des communes environnantes)*.

Alisier, dessin N.L.

❷ La longer sur la gauche et déboucher sur la route. La prendre à gauche, puis partir à droite. Avant les bâtiments, tourner à droite vers le stade, puis suivre les allées bordées de plantations étiquetées *(sentier de la Nature)* qui contournent le stade.

❸ Virer à droite, traverser la route, passer devant le centre de sélection ovin de La Perraudière et poursuivre par le sentier Botanique *(dans son site naturel depuis 1978)*.

❹ Avant le croisement, obliquer à droite en angle aigu, puis quitter le bois *(peu après la sortie du bois, marnière sur la gauche)* et déboucher sur la route.

Ne pas oublier

❺ Emprunter la route à droite. Au carrefour, prendre la route à gauche sur 100 m, puis s'engager sur le petit chemin à droite *(sa largeur correspond aux charrettes de l'époque d'extraction de la marne)* et retrouver la marnière.

❷ Rejoindre à gauche le village.

Abeilles bûtinant des fleurs de tilleul, dessin P.R.

À voir

En chemin
■ marnières ■ sentier de la Nature ■ sentier Botanique

Dans la région
■ Villaines : four à chanvre
■ Coulans-sur-Gée : château de Coulans

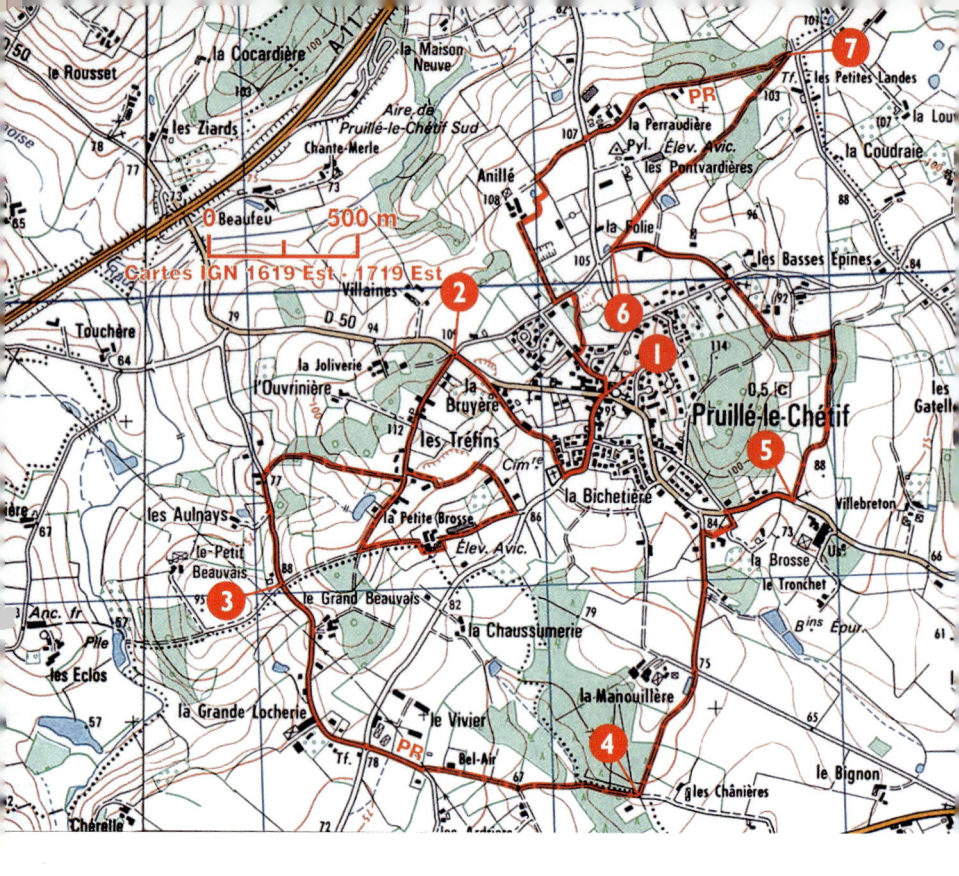

La croix du cimetière

La croix du cimetière de Pruillé-le-Chétif fut dressée, il y a environ cinq siècles (1550-1650), dans le cimetière (actuel jardin public) attenant à l'église qui elle, fut fondée sur le domaine de Saint-Aldric vers le 11e siècle et placée sous le vocable de Saint-Pierre.
Le fût de la croix est surmonté d'un disque, sur une face le Christ, sur l'autre, et c'est là toute l'originalité du monument, à la place généralement occupée par la Vierge Marie : un personnage sous un dais, privé de ses attributs, sans doute cassés, car tout laisse penser que c'est saint Pierre, patron de la paroisse. Le sculpteur lui a fait un visage très long, type 12e siècle. Les bras de la croix, décorés de fruits et de fleurs, précisent l'architecture de la Renaissance.

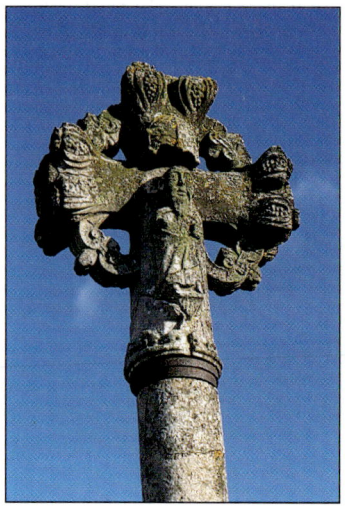

photo A.J.

Entre bois et marnières pruilléens

Prairies et bosquets composent un paysage de bocage très équilibré dans lequel les chemins creux s'insèrent.

❶ Du parking, partir en direction de Saint-Georges-du-Bois, puis monter par le chemin qui longe le cimetière à droite *(au centre du cimetière se trouve une croix, 16e, récemment restaurée)*. Continuer par la D 50 sur 100 m.

❷ Au carrefour, prendre à gauche la route des Tréfins sur 350 m, puis partir à gauche et effectuer une boucle passant à La Petite-Brosse *(bien suivre le balisage)*, avant de retrouver la route des Tréfins. S'engager à gauche dans le chemin creux qui se dirige vers l'Ouest *(sur la gauche, se trouve un arbre peu courant, le cormier)* puis, à Champfleury, emprunter la route à gauche et atteindre un croisement.

▶ Jonction avec le PR® 2 qui vient de la droite. En empruntant cet itinéraire qui passe par Saint-Georges-des-Bois, on réalisera un parcours de 17 km (4 h 15).

❸ Poursuivre tout droit, passer Le Grand-Beauvais, La Grande-Locherie puis le carrefour. Au lieudit Bel-Air, bifurquer sur le chemin à gauche, traverser le bois et arriver à une intersection.

▶ Séparation du PR® 2 qui part à droite.

❹ Suivre le chemin à gauche. Il longe le bois de la Manouillère. Continuer par la route sur 500 m, tourner à droite vers La Brosse, puis emprunter la D 50 à droite jusqu'au calvaire.

❺ Monter à gauche par le chemin qui traverse un petit bois *(à droite, vue sur une éolienne Bollée créée en 1894 par E. Lebert)*. En lisière, suivre le chemin creux à gauche, traverser la route et continuer par la route en face.

❻ Juste avant le carrefour, s'engager à droite dans un large chemin *(début du sentier Botanique)* qui passe en lisière.

❼ Avant le croisement, virer à gauche et continuer à nouveau en lisière. Traverser la route et poursuivre par le chemin d'Anillé. Utiliser les allées bordées de plantations qui contournent le stade *(sentier de la Nature)*. Emprunter la route à gauche sur quelques mètres, puis longer la marnière à droite et retrouver l'église de Pruillé.

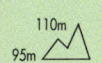

Fiche pratique 4

3 h — 11 Km
110m / 95m

Situation Pruillé-le-Chétif, à 7 km à l'Ouest du Mans par les D 309 et D 50

Parking près de l'église

Balisage jaune

Ne pas oublier

À voir

En chemin
■ Pruillé-le-Chétif : croix du cimetière ■ éolienne Bollée

Dans la région
■ Le Tertre : manoir 18e (dont les propriétaires furent assassinés par les Chouans le 29 août 1795) ■ Coulans-sur-Gée : château de Coulans

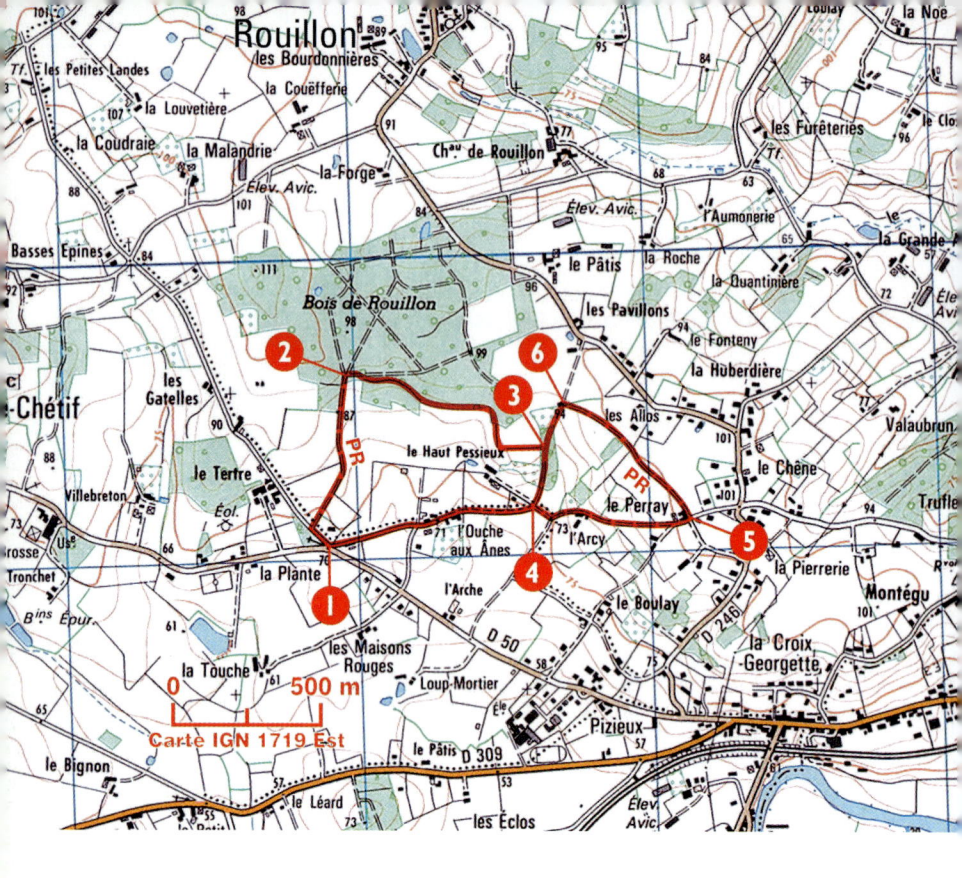

Agriculture et histoire

Bien avant de connaître une expansion démographique depuis vingt ans, Rouillon avait une vocation rurale et agricole comme la plupart des villages jouxtant la grande ville. Cinq à dix hectares suffisaient pour « vivre ». Le chanvre permettait d'accroître considérablement les revenus au 19e siècle. Le four situé au centre du bourg est le témoin de cette culture, dont la Sarthe fut le premier producteur français.

Il faut également associer Rouillon au seigneur « de Nepveu » qui fit construire un château dès le 15e siècle : Pierre Nepveu de Rouillon, lieutenant-criminel au siège présidial, devant le maire du Mans de 1765 à 1771. Il fit édifier le magnifique hôtel situé dans le vieux Mans, devenu de nos jours le centre des Compagnons du devoir.

Fleurs de chanvre, *dessin N.L.*

À l'orée du bois de Rouillon

Fiche pratique 5

1 h 10 — 3,5 Km

100m / 70m

Situation Rouillon, à 4 km à l'Ouest du Mans par les D 309 et D 50

Parking carrefour de la D 50, à 2 km au Nord-Ouest de La Croix-Georgette ; accès bus (ligne n°18)

Balisage jaune

Couleuvre de Montpellier, appelée « surgeton » dans la Sarthe, *dessin P.R.*

La butte de Rouillon domine au Nord-Ouest la plaine d'Allonnes et permet de dégager un vaste horizon en direction des « Sables cénemarniers », bien au-delà du circuit des 24 heures du Mans.

❶ Suivre la route en direction des Basses-Épines sur 50 m, puis s'engager à droite dans le chemin creux. Longer un champ *(vue sur Allonnes)* et atteindre un croisement à l'orée du bois.

❷ Ne pas pénétrer dans le bois, virer à droite et avancer en lisière du bois privé *(point de vue sur la campagne à droite)*. Tourner à droite et contourner le champ jusqu'à un passage à droite qui permet de rejoindre un chemin creux.

❸ Le descendre à droite.

❹ Se diriger à gauche sur 20 m, puis tourner encore à gauche. Longer une maison, continuer par le chemin creux et déboucher au lieudit Le Perray.

❺ Emprunter la large allée à gauche.

❻ S'engager à gauche sur le sentier étroit.

❸ Continuer par le chemin encaissé.

❹ Tourner à droite et poursuivre par le chemin goudronné qui ramène à la D 50.

▶ Possibilité de rejoindre le circuit rouge de Pruillé-le-Chétif en suivant la route des Basses-Épines sur 1 km.

À voir

En chemin
■ points de vue sur la plaine d'Allonnes

Dans la région
■ Rouillon : église 1770 privée (faisant partie intégrante de la propriété de la cour de Rouillon), manoir de la Futaie, carmel de Vaujoubert-Notre-Dame
■ Trangé : château de la Groierie

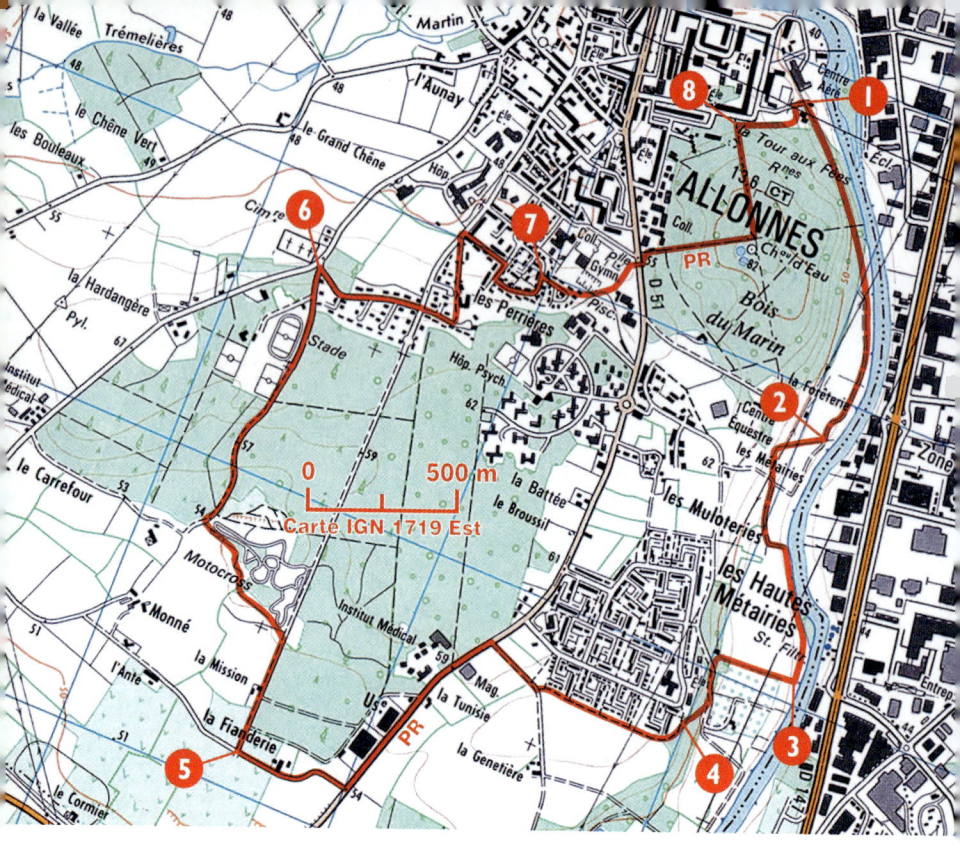

Urbanisme ancien et moderne

D'origine celtique, Allonnes est habité depuis les temps anciens (4e siècle avant J.-C.). Le vaste chantier de fouilles archéologiques en témoigne. Depuis soixante années, à l'époque de Pierre Térouane, le sous-sol des sanctuaires de la Tour-aux-Fées et des Perrières révèle ses trésors. Ce temple dédié à Mars Mullo, associe romains et gaulois sous les signes de la fécondité et de l'abondance. Au 4e siècle après J.-C., l'ensemble est détruit par un incendie et sombre dans l'oubli.

Une visite s'impose (en semaine) à la mairie où sont exposés les fruits des découvertes depuis l'origine des fouilles.

Allonnes a depuis littéralement explosé démographiquement, présentant un contraste étonnant entre le vieux bourg rural et l'ensemble urbain des années 1960, voyant passer sa population de 1 250 à 15 500 habitants.

Site archéologique d'Allonnes, photo J.R.

Sur les traces gallo-romaines

Fiche pratique 6

Oronge vineuse, dessin N.L

Aux portes du Mans, ce circuit offre une ouverture sur l'environnement (bois, réserves naturelles, plan d'eau, la Sarthe et ses berges), sur les activités humaines (fermes, jardins), mais aussi sur l'histoire et la culture (fouilles archéologiques).

3 h — 11 Km

82m / 45m

Situation Allonnes, à 6 km au Sud-Ouest du Mans par la D 147 ; accès bus (ligne n°16)

Parking au théâtre de Chaoué (école de musique)

Balisage jaune

Difficulté particulière
■ bord de la Sarthe impraticable en période de crue

❶ Du parking, longer la Sarthe à droite, vers l'aval, sur 1 km.

❷ Quitter la rive et passer à proximité de la ferme des Métairies, avant de revenir par le chemin creux vers la rivière. La suivre à nouveau vers l'aval, sur 500 m.

❸ Virer à droite et longer la clôture des jardins par le chemin goudronné, pour arriver à proximité du hameau des Hautes-Métairies.

❹ Ne pas se diriger vers le petit terrain de sport, mais aller à gauche et contourner le lotissement pour aboutir à la D 51. La suivre à gauche jusqu'après l'usine Leroy-Somer, puis prendre la petite route à droite.

❺ Emprunter à droite le chemin de la Mission. Il conduit au stade de moto-cross. Partir à gauche et traverser les sablières. 50 m après la dernière, tourner à droite vers le Nord et passer devant le stade Claude-Voisin.

Ne pas oublier

❻ Revenir à droite par la rue Picasso, l'allée Verte, la rue des Boisseliers, puis celle des Tisserands.

❼ Longer les tennis, traverser la plaine de jeux et franchir la passerelle qui enjambe la D 51. Prendre à droite l'allée forestière qui mène aux châteaux d'eau, puis descendre à gauche vers le site archéologique et arriver à l'orée du bois.

▶ En prenant la rue Charles-Gounod, il est possible de gagner la mairie pour visiter le musée Pierre Térouane (*ouverture en semaine*).

❽ Rejoindre à droite le parking de Chaoué.

À voir

En chemin
■ rive de la Sarthe ■ site archéologique ■ musée Pierre Térouane (mairie)

Dans la région
■ Allonnes : moulin de Chaoué, sanctuaire de la Tour aux Fées, église Saint-Martin (vitrail d'Échivart), maison de la Raterie (ancienne guinguette), péniche café-concert Excelsior

27

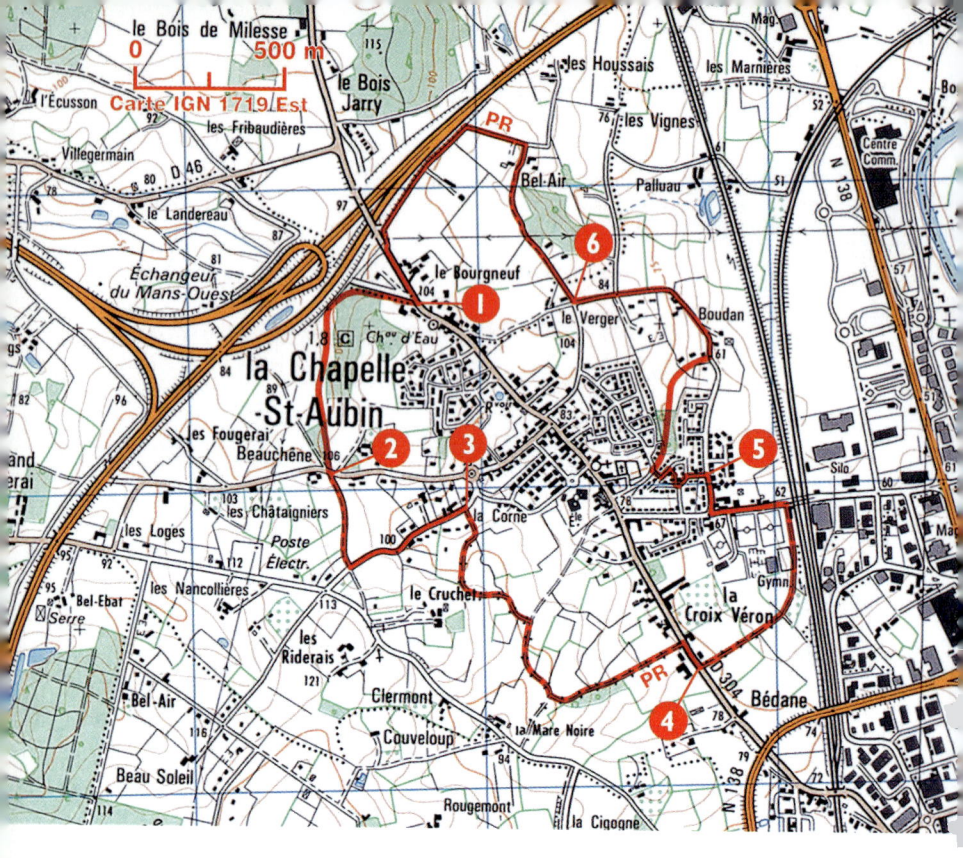

Saint-Christophe et la Croix-Véron

Si l'on en croit la légende, la maladrerie Saint-Christophe fut fondée par Guillaume seigneur de Sillé, en expiation du crime commis sur la personne du baron de Saint-Loup, seigneur de la Milesse et de Tucé. La Maison-Dieu de Saint-Christophe, dépendante de l'hospice des Ardents au Mans, était toujours tenue de loger des pauvres et de célébrer des messes dans la chapelle. Celle-ci fut démolie à la fin du 18e siècle et Saint-Christophe transformée en bâtiments agricoles, puis restaurée en centre d'animation.

La propriété de la Croix-Véron fut constituée au 18e siècle par François Louis Véron, créateur de l'étamine « camelotée », étoffe qui fit à l'époque la renommée du Mans. La Croix-Véron, regroupant les domaines de la Croix-Lamoureux et du Verger, permit à son propriétaire de prendre le nom de Véron du Verger. Elle abrite derrière ses hauts murs, une élégante demeure bourgeoise.

Centre Saint-Christophe, *photo J.R.*

La balade de Saint-Christophe

Fiche pratique 7

2 h 20 — 7 Km

104m / 62

Mésange bleue, dessin P.R.

En parcourant les nombreux chemins creux, découvrez la verte campagne toute proche de la ville.

❶ Du centre Saint-Christophe, route de Sillé (près du château d'eau), suivre le parcours-santé du bois de Saint-Christophe.

❷ À la sortie du bois (Beauchêne), traverser la route et prendre le chemin en face. Au carrefour, emprunter la route à gauche sur 300 m.

❸ S'engager à droite sur le chemin sinueux et atteindre le lieudit La Croix-Véron. Prendre la D 304 à droite sur 50 m.

❹ Suivre le chemin à gauche. Près du passage à niveau, emprunter à gauche la rue du Coup-de-Pied, puis à droite la rue de Boudan.

❺ Prendre à gauche la rue des Iris, puis à droite la rue de Beausoleil. Tourner à droite pour atteindre le parc de Boudan. Le traverser et déboucher sur la route de Boudan. L'emprunter à gauche jusqu'au lieudit Le Verger.

❻ S'engager sur le chemin à droite, puis suivre la petite route à gauche. Elle longe l'autoroute. Prendre la D 304 à gauche pour rejoindre *(à gauche, croix médiévale de Roussard)* le centre Saint-Christophe.

Situation La Chapelle-Saint-Aubin, à 5 km au Nord-Ouest du Mans par la D 304 ; accès bus *(ligne n°10)*

Parking centre Saint-Christophe (sortie de l'agglomération vers La Milesse)

Balisage jaune

Ne pas oublier

À voir

En chemin

■ parcours-santé ■ La Croix-Véron : demeure bourgeoise 18e ■ Le Bourgneuf : croix médiévale de Roussard

Dans la région

■ La Chapelle-Saint-Aubin (bourg) : ancienne maladrerie Saint-Christophe, ancienne ferme de la Liberde, église contemporaine (plaque commémorative marquant le passage du général Leclerc, le 9 août 1944)
■ Les Riderays : croix
■ Bédane : four à chanvre
■ Palluau : maison bourgeoise 18e

Pissenlit, dessin N.L.

29

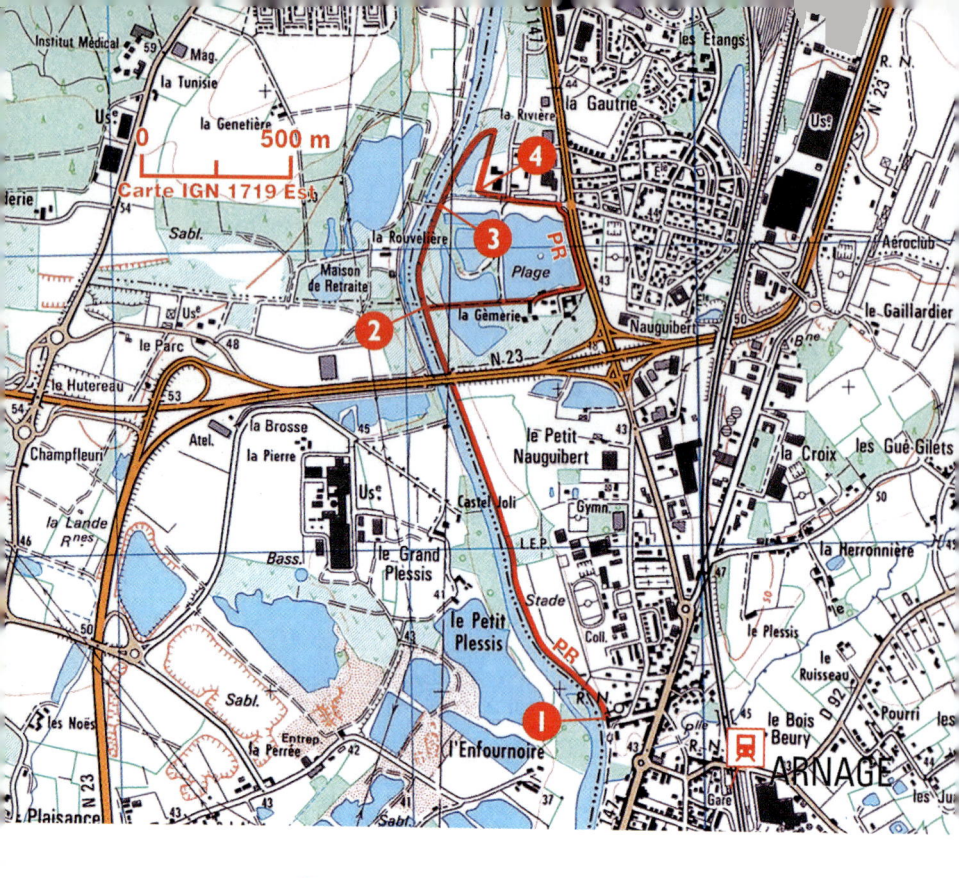

Légende et sorcellerie

Les habitants des landes du Bourray, proches d'Arnage, étaient dans les temps reculés, considérés comme des « rustiques ». Pauvre comme les terres de cet endroit, une créature passait au Moyen Age pour se livrer aux pratiques de la sorcellerie, jetait des sorts et allait au sabbat. La population décida de la supprimer, la jeta, lapidée, dans la Sarthe tout près de l'église. La fraîcheur de l'eau l'ayant ranimée, la femme se mit à nager et gagna l'autre rive, d'où les cris : « elle renage » prononcés en patois « Ar'nage ». Selon Roger Verdier, érudit sarthois, le nom d'Arnage est bien antérieur à ces croyances tirant son nom « Anaige » d'un coin d'eau. De nos jours, sorcière et carnaval perpétuent cette légende.

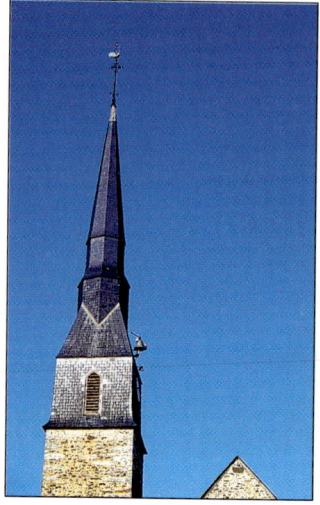

Le clocher d'Arnage, photo J.R.

Balade au bord de l'eau

Fiche pratique 8

1 h 40 — 5 Km
40m / 40m

Situation Arnage, à 15 km au Sud du Mans par la D 147 ; accès bus *(ligne n°20)*

Parking place de l'Église

Balisage jaune

Grand cormoran, dessin P.R.

Le plan d'eau de la Gémerie offre de nombreuses activités : nautisme non motorisé, pêche… En été, avec sa baignade surveillée, il devient un espace convivial pour les familles, un lieu d'accueil pour les jeunes et les groupes, un lieu de divertissement pour les promeneurs et les sportifs…

❶ De l'église, se diriger vers la rivière et prendre à droite le chemin de halage. Passer sous le pont de la rocade d'Arnage, continuer sur 250 m et atteindre une intersection.

❷ Poursuivre tout droit le long de la rivière et arriver à la passerelle.

▶ Par la passerelle à gauche, possibilité de rejoindre le circuit d'Allonnes.

❸ Ne pas franchir la passerelle, mais continuer tout droit, puis effectuer à droite le tour de l'étang Guy-Gauthier.

❹ Virer à gauche pour faire le tour de l'étang de la Gémerie et retrouver le chemin de halage.

❷ L'emprunter à gauche pour rejoindre l'église Saint-Gilles.

▶ En aval de l'église, à 200 m, vue sur une éolienne Bollée.

Ne pas oublier

À voir

En chemin
- rive de la Sarthe
- étangs

Dans la région
- Spay : jardin des Oiseaux
- Le Mans : Musée de l'automobile (circuit des 24 h)

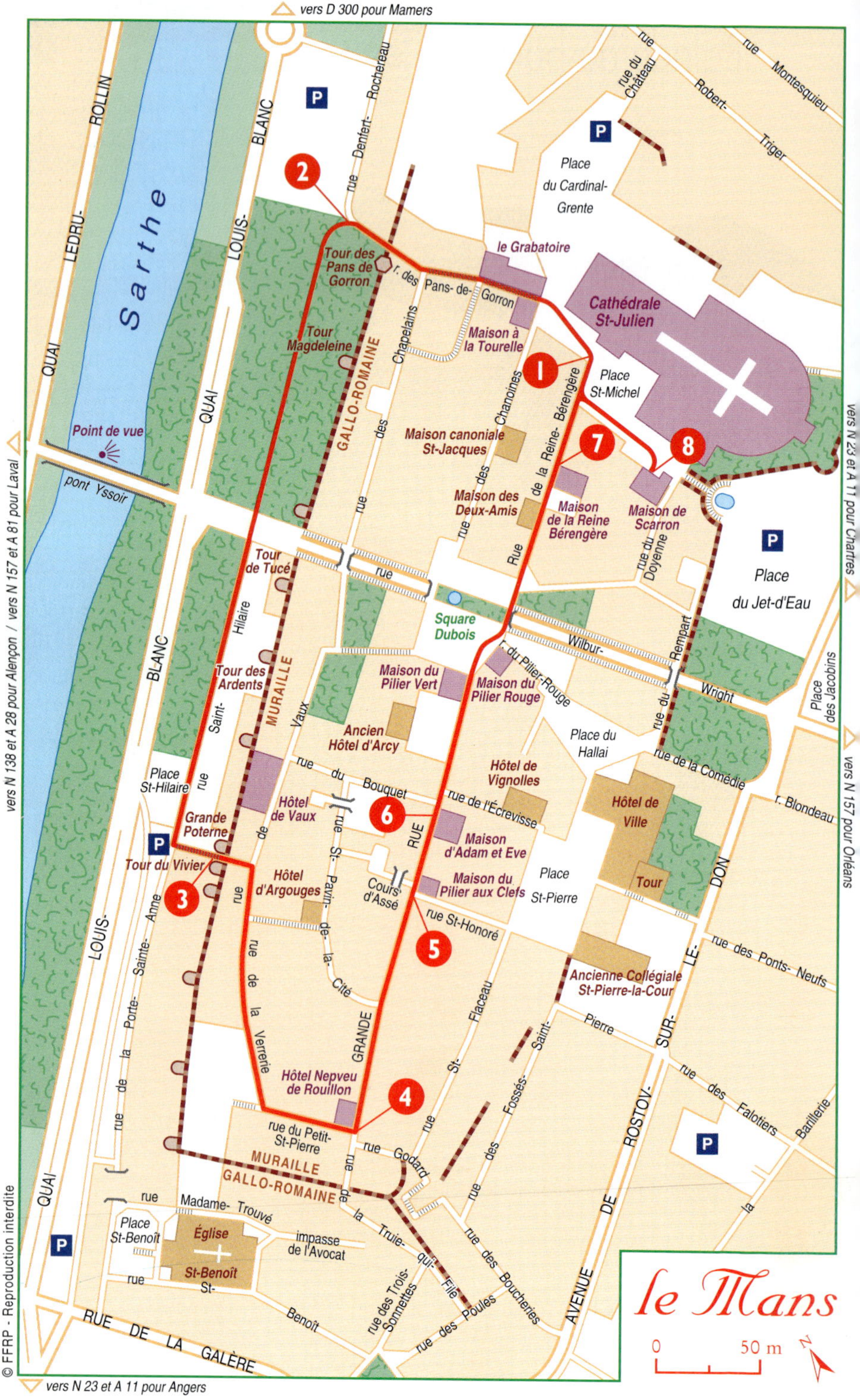
vers D 300 pour Mamers
vers N 138 et A 28 pour Alençon / vers N 157 et A 81 pour Laval
vers N 23 et A 11 pour Chartres
vers N 157 pour Orléans
vers N 23 et A 11 pour Angers
le Mans
0
50 m
N
Sarthe
QUAI LEDRU-ROLLIN
QUAI LOUIS-BLANC
Point de vue
pont Yssoir
rue Denfert-Rochereau
Place du Cardinal-Grente
le Grabatoire
Cathédrale St-Julien
Tour des Pans de Gorron
r. des Pans-de-Gorron
Tour Magdeleine
MURAILLE GALLO-ROMAINE
rue des Chapelains
Maison à la Tourelle
Place St-Michel
rue des Chanoines
Rue de la Reine-Bérengère
Maison canoniale St-Jacques
Maison des Deux-Amis
Maison de la Reine Bérengère
Maison de Scarron
rue du Doyenné
Place du Jet-d'Eau
rue du Château
rue Robert-Triger
rue Montesquieu
Tour de Tucé
rue Wilbur-Wright
Square Dubois
rue du Rempart
Tour des Ardents
rue Saint-Hilaire
Maison du Pilier Vert
Maison du Pilier Rouge
r. du Pilier-Rouge
rue de Vaux
Ancien Hôtel d'Arcy
Place du Hallai
Place des Jacobins
rue de la Comédie
Place St-Hilaire
rue du Bouquet
Hôtel de Vignolles
Hôtel de Ville
r. Blondeau
Grande Poterne
Hôtel de Vaux
rue de l'Écrevisse
Tour du Vivier
GRANDE RUE
Maison d'Adam et Eve
Tour
rue St-Pavin-de-la-Cité
Hôtel d'Argouges
Cours d'Assé
Maison du Pilier aux Clefs
Place St-Pierre
rue de la Porte-Sainte-Anne
rue St-Honoré
rue des Ponts-Neufs
rue de la Verrerie
Ancienne Collégiale St-Pierre-la-Cour
rue St-Flaceau
rue Saint-Pierre
rue DON-SUR-LE-
Hôtel Nepveu de Rouillon
rue des Fossés-Saint-
rue des Falotiers
Barillerie
rue du Petit-St-Pierre
rue Godard
AVENUE DE ROSTOV-
rue de la Truie-qui-File
rue Madame-Trouvé
Place St-Benoît
Église St-Benoît
impasse de l'Avocat
rue des Boucheries
rue St-Benoît
rue des Trois-Sonnettes
rue des Poules
RUE DE LA GALÈRE
rue de la
P
1
2
3
4
5
6
7
8

Balade dans le vieux Mans

Fiche pratique 9

Le vieux Mans regroupe sur 9 hectares de vielles maisons à pans de bois, des hôtels datant de l'époque Renaissance, des rues pavées bordées de chasse-roues.

▶ Pour apprécier la beauté du site de la vieille ville, traverser la Sarthe par le pont Yssoir et rejoindre la cathédrale.

Longer la **cathédrale** ❶ (bâtie sur un oppidum primitif fortifié par les Aulerques Cénomans ; en 1203, Philippe Auguste remet la ville à la reine Bérengère, veuve de Richard Cœur de Lion) et descendre l'escalier des Pans-de-Gorron (en bas, tour des Pans de Gorron, de forme hexagonale à pans coupés, tout à fait originale).

Tourner à gauche et longer la **muraille gallo-romaine** ❷ (construite à partir des invasions barbares du 3e siècle et flanquée des tours Madeleine, des Ardents et de Tucé).

Grimper l'escalier passant sous la **Grande poterne** ❸ (curieuse porte au cintre en forme d'ogive irrégulière percée dans l'épaisseur des antiques murailles de la cité) et arriver dans la rue de Vaux (à gauche hôtel de Vaux 16e). La remonter à droite et continuer par la rue de la Verrerie. Déboucher à l'angle de la rue du Petit-Saint-Pierre et de la Grande rue (hôtel de Nepveu de Rouillon de style Louis XV, 1768, aux fenêtres garnies de balcons en fer forgé, actuelle maison des Compagnons du Devoir, restauré par ces derniers).

Prendre la **Grande rue** ❹ à gauche (nombreux édifices : au n° 105, portail à bossages 16e-17e à vantaux de bois sculpté sur une cour pittoresque ; au n° 103 vaste hôtel de la Sénéchaussée du Maine 16e). A l'angle de la rue Saint-Honoré, **maison du Pilier aux Clefs** ❺ (chapiteau sculpté dont le fût est orné d'un semis de clefs).

Continuer dans la Grande rue et arriver à la **maison d'Adam et Eve** ❻ (bâtie entre 1520 et 1525, à la façade de pierre blanche dont le nom vient du bas-relief au-dessus de la petite porte, dans un médaillon central qui représente Eve offrant à Adam, au bout d'un bâton, une pomme ; dans les angles supérieurs, le soleil, la lune et des pilastres à chapiteaux ioniques ornés d'oiseaux, de figures grotesques, de guirlandes de fleurs et de fruits).

Poursuivre par la **Grande rue** (à l'angle gauche du square Dubois, Pilier Vert et, plus loin à droite, Pilier Rouge, demeure du bourreau ; sur le fût s'enroule une corde et sur le chapiteau, on distingue une tête de mort, un crucifix et une écrevisse).

Traverser le square Dubois et fouler les pavés de la **rue de la Reine-Bérengère** aux charmants logis de style

---

2 h • **1,2 Km**

75m / 48m

Situation Le Mans, à 210 km au Sud-Ouest de Paris par les A 10 et A 11

Parking place du Jet-d'Eau (au pied de la cathédrale)

Balisage
aucun

Difficulté particulière
■ escaliers

À voir

En chemin

■ cathédrale Saint-Julien, enceinte gallo-romaine, tours des Ardents, de Tucé, du Verrier et Magdeleine, hôtel de Vaux, hôtel Nepveu de Rouillon, maison d'Adam et Eve, musée de la Reine Bérengère, maison Scarron (crypte)

Dans la région

■ Le Mans : crypte Saint-Pierre-la-Cour, thermes romains (école des Beaux-Arts), mairie (ancien palais des comtes du Maine), jardin d'horticulture, ancienne abbaye Saint-Vincent, parc de Tessé et musée, abbatiale et cloître Notre-Dame-de-la-Couture 12e-14e, musée de l'Automobile

Renaissance *(aux n° 7, 9, 11 et 18 ; au n°20, maison de bois et brique sculptée de personnages grotesquement enlacés).* Atteindre la **maison de la Reine Bérengère** ❼ *(dans laquelle a été installé un musée consacré à l'art populaire et rustique du vieux Maine).*
Rejoindre la **cathédrale** ❶ Saint-Julien *(façade occidentale 11e, nef 11e-12e, chœur 13e, croisillon Sud 14e et croisillon Nord 15e, verrières des Vignerons du Mans, tombeaux de la reine Bérengère, de Charles IV d'Anjou et de Guillaume du Bellay).*Face à la cathédrale (Sud), place Saint-Michel, s'élève la **maison de Scarron** ❽ 16e *(crypte 12e)* et, à l'angle de cette place et de la rue des Pans-de-Gorron, la remarquable maison à la Tourelle (1530). Place du Château, voir le Grabatoire 16e, siège de l'évêché du Mans.

Le Mans fait son cinéma

Dès 1958, le vieux Mans fut choisi comme décor pour tourner *Le Bouc émissaire* d'après Daphné Du Maurier.
En 1974, le trio Marielle-Noiret-Rochefort nous offre *Que la fête commence* de Tavernier. 1981 voit le *Beau Mariage* d'Éric Rohmer juste avant *La Dame de Montsoreau* tourné en 1982 avec les beaux yeux de Karin Petersen. La maison de Scarron abritera en 1989 « Cyrano-Depardieu » qui mobiliseront plus de 300 figurants sous le commandement de Rappeneau. La même année *Eugénie Grandet* sera présente avec Claude Jade et le délicieux Jean Carmet. Dans la foulée en 1990, Richard Bohringer et Isabella Rossellini seront les vedettes des *Dames galantes*. *Le Bossu* avec le duo Auteuil-Luchini sera tourné au printemps 1997, puis en 1999, *Les Blessures assassines* feront revivre le crime Manceau des Sœurs Papins. En 2000, Clémentine Célarié nous rendra visite pour tourner *Le Bac*. Auparavant, *Le Masque de fer* fit une apparition pour quelques scènes avec le frère jumeau de Louis XIV, sous les traits de Di Caprio, mais *Rouget le Braconnier* réalisé par le manceau, Gilles Cousin, restera dans la mémoire de tous les amateurs du 7e art, dans l'attente d'autres tournages.

Poulardes et Chapons du Mans

En 1600, Olivier de Serre vantait déjà la qualité de nos chapons. Scarron, bien connu des manceaux, écrivait fort à propos :

« Or ça, dame Hautefort la belle,
Vous dirais-je quelque nouvelle,
Des mancelles et des manceaux,
De qui les chapons sont si beaux.»

Curnonsky, le prince des gastronomes, disait de nos volailles du Maine qu'elles cultivaient « l'honnêteté et la loyauté ». Brillat-Savarin affirmait dans sa physiologie du goût ; « Trois pays de l'ancienne France se disputent l'honneur de fournir les meilleures volailles : à savoir, le pays de Caux, le Mans et la Bresse.» Tombée dans l'oubli, la race « Le Mans » n'est plus élevée dans nos poulaillers, et a été reléguée au rang de pièce de musée. L'élevage des poulardes et chapons ressemblait fort au gavage permettant d'obtenir le foie gras. La castration n'était pas systématique et il fallait six à huit semaines pour un poids de 5 kg de moyenne.

Muraille gallo-romaine, *photo J.R*

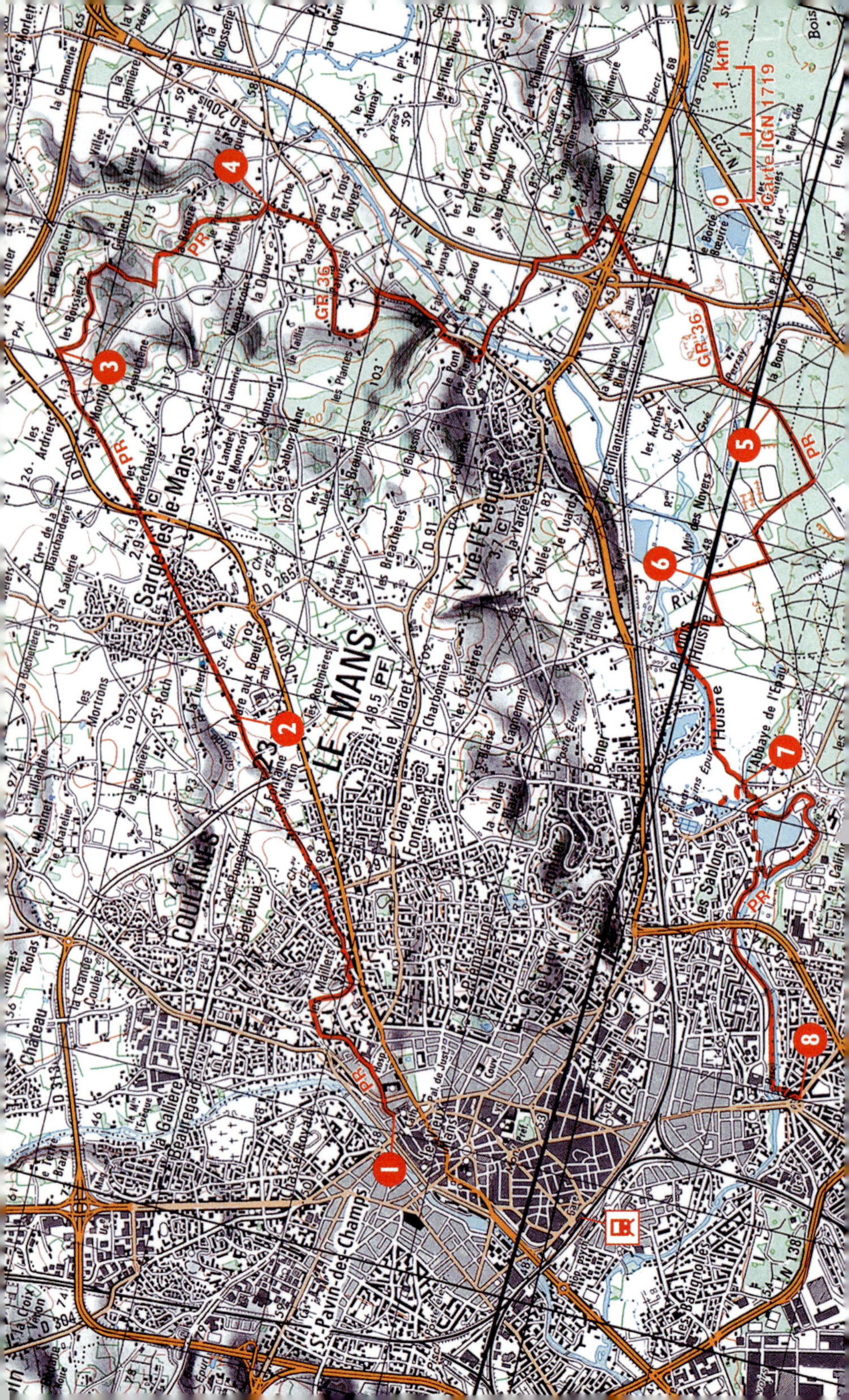

LE MANS
Yvré-l'Évêque
Sargé-lès-le-Mans
COULAINES
Carte IGN 1719
0
1 km
GR 36
PR
1
2
3
4
5
6
7
8

De la cathédrale du Mans au pont des Vendéens

Fiche pratique 10

5h30 — 22 Km

117m / 45m

Après avoir flâné dans les pittoresques rues du vieux Mans, le circuit part à la découverte de paysages étonnants : vertes prairies, frais vallons, voie romaine, chemins médiévaux.,. Au terme de la randonnée se détache l'abbaye de l'Épau.

❶ Du parvis, prendre les rues Lionel-Royer, de l'Abbaye-Saint-Vincent et du Tertre-Saint-Laurent. Traverser le parc de Banjan, remonter par la rue des Fontenelles, passer le château d'eau, puis continuer par le chemin des Fontenelles *(voie romaine du Mans à Évreux, appelée jadis chemin du Vieux-Pavé ou chemin aux Fées)*.

❷ Laisser le chemin à gauche. Passer l'église de Sargé, couper la D 301 et poursuivre jusqu'au lieu-dit Le Cassoir.

❸ Emprunter le chemin à droite, passer Les Boissières et descendre vers la vallée de l'Huisne par des chemins creux médiévaux. Déboucher au carrefour routier de La Perche.

❹ Prendre la route à droite, puis la route à gauche. Aux Trois-Noyers, continuer par le chemin en face, couper la route, puis traverser Les Plantes. Au bout du hameau, aller tout droit, puis emprunter la D 91 jusqu'à l'entrée d'Yvré-L'Évêque. Se diriger à droite sur quelques mètres, puis tourner à gauche et traverser la D 91. Franchir l'Huisne sur le pont Romain *(croix des Zouaves-Pontificaux)*, passer au-dessus de la N 224, virer à droite, puis bifurquer à gauche vers La Fabrique. Au pied du mont d'Auvours, continuer tout droit, puis tourner à droite. Traverser la N 23, franchir la voie ferrée à gauche, passer sous la N 224, laisser Le Gué-Perray à gauche, puis prendre la route de Changé à gauche. Dans le virage, entrer en face dans le domaine de l'Arche de la Nature.

❺ Bifurquer à droite. Au croisement, tourner à droite et sortir du bois. Virer à gauche puis, à l'orée du bois, aller à droite sur 500 m.

❻ Tourner à gauche, gagner la ferme de la Prairie, virer à droite, puis longer l'Huisne à gauche. La quitter pour rejoindre le mur d'enceinte de l'abbaye de l'Épau.

▶ Possibilité de voir à droite la maison de l'Eau *(musée ; aller-retour 1 km, 15 mn)*.

❼ Continuer tout droit, passer sous la D 152 à droite sur 50 m, puis partir à gauche et longer le plan d'eau par la gauche. Contourner par la gauche les terrains de sport, puis franchir l'Huisne sur la passerelle et la suivre à gauche. Passer en rive gauche et gagner le pont des Vendéens **❽**.

Situation Le Mans (centre-ville)

Parking cathédrale

Balisage
- ❶ à ❹ jaune
- ❹ à ❺ blanc-rouge et jaune
- ❺ à ❽ jaune

Difficulté particulière

■ circuit linéaire (possibilité de revenir au parking par les transports en commun -bus-, ou garer une voiture à l'arrivée) ■ parcours le long de la D 91 entre ❹ et ❺ (prudence)

Ne pas oublier

À voir

En chemin

■ voie romaine ■ pont Romain (croix des Zouaves-Pontificaux) ■ domaine de l'Arche de la Nature (ferme de la Prairie) ■ rives de l'Huisne

Dans la région

■ Le Mans : monuments historiques du centre-ville et musées, cathédrale, muraille gallo-romaine, parcs
■ Yvré-l'Évêque : abbaye cistercienne de l'Épau

37

Cathédrale, photo B.V./V.M

La cité Verte

Ce n'est pas un hasard si Le Mans égale la superficie de Lyon pour une population intra-muros trois fois moindre. Les jardins de nos mancelles en témoignent. Ajoutons à ce poumon de verdure citadine 150 hectares de parcs et jardins publics et 250 autres hectares mis à la disposition des habitants pour y pratiquer jogging et autres parcours de santé. Quelques noms évoquent ces lieux de détente : Banjan, Verdigné, Tessé, Marcel-Paul, Martin-Luther-King, l'île aux Sports, l'Arche de la Nature, sans oublier les Étangs-Chauds, les coulées vertes de Gazonfier et du Gué de Maulny, les promenades des Jacobins et le Jardin d'horticulture (site classé). Depuis 1990, la ville dispose d'un centre horticole avec 4 000 mètres de serres et 4 hectares de cultures de plein air qui agrémentent plus de 150 massifs floraux. Environ 5 000 arbres d'essences diversifiées ombragent les avenues. Les récentes créations du quai Louis-Blanc bordé d'un côté par la muraille romaine, de l'autre par la Sarthe, contribuent à faire de la 19e ville de France, une cité reposante à échelle humaine.

La reinette du Mans

Parmi les fleurons gastronomiques de notre département, la pomme à cidre ou à couteau en est un particulièrement apprécié. On dénombre plusieurs dizaines de variétés, mais la reine de toutes est la « reinette du Mans ». Plus difficile à trouver de nos jours, chaque ferme, hier, autour du Mans, avait son verger et faisait mûrir la reinette. Très parfumée, de longue conservation, elle est à la base de nombreuses recettes et desserts unissant avec bonheur le « sucré-salé ». Sur toutes les tables dès le 17e siècle, elle reste l'une des ambassadrices du bon goût sarthois.

Qui dit pomme, pense cidre bien évidemment, ainsi que son dérivé direct : le calva, appelé « goutte » dans notre région. Naguère boudé par les consommateurs, le cidre revient en force l'été sous les tonnelles. Quant à la goutte « ben d'cheu nous », elle accompagne le café, en « rincette », à la fin de tous nos grands repas. Mélangée au jus de pomme, c'est le fameux « pommeau » qui en est tiré. À boire avec gourmandise et modération, bien entendu !

Pont roman, à Yvré-l'Evêque, *photo C.U.M./P.M.*   Cytise, *dessin N.L.*

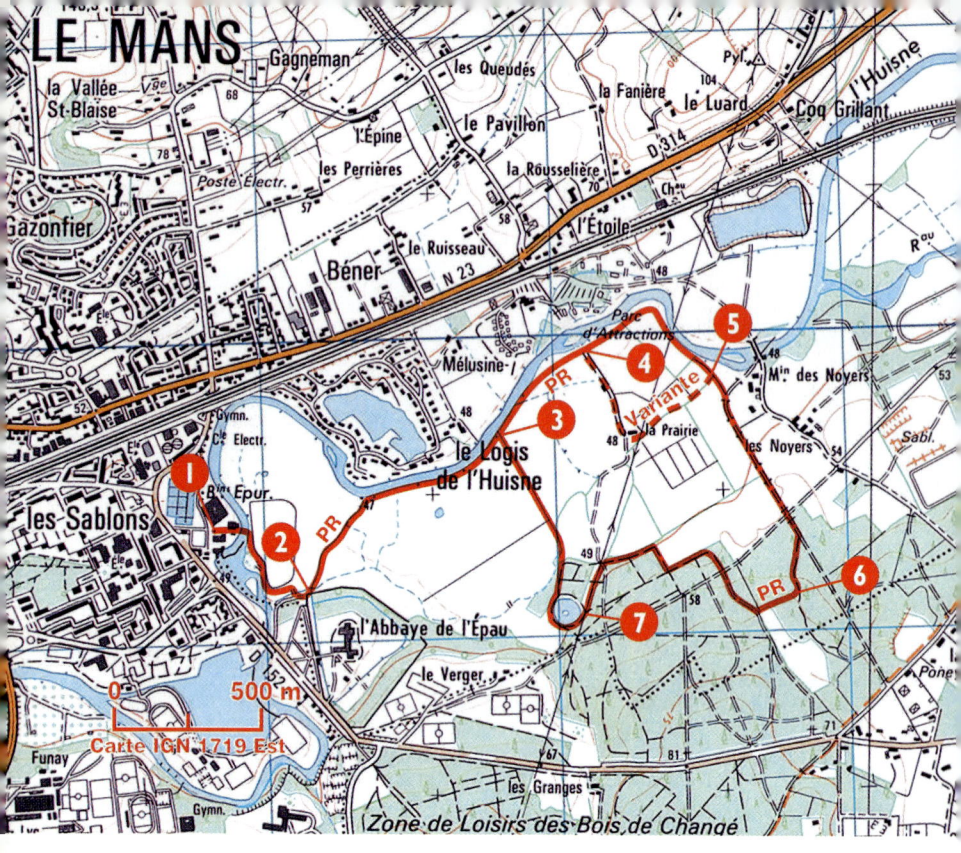

La maison de l'eau

Toute l'année, la maison de l'eau vous présente ses aquariums, son ancienne usine des eaux et met en valeur les activités de découverte du monde fascinant de la rivière.
Trois bassins de cinq mètres de long présentent les différents écosystèmes de la rivière : la zone à truite, la zone à barbeaux et celle à brèmes. Un autre aquarium regroupe les petites espèces : vairons, bouvières, goujons…
La visite de l'ancienne usine des eaux, construite en 1906, permet de parcourir l'histoire du traitement de l'eau potable. La roue à aubes de plus de 8,5 mètres de diamètre et le mécanisme de la machine à vapeur reprennent du service.

photo B.V./V.M

En bordure d'Huisne

Fiche pratique 11

2h — 6 Km

70m / 47m

Avec une succession de chemins, de zones humides, de rives sauvages et protégées, ce parcours saura satisfaire les amoureux de la nature.

Situation Arche de la Nature (agglomération du Mans), à l'Est du centre-ville ; accès bus *(lignes n°12, 15 et 19)*

Parking usine des eaux (face au centre de l'Espal)

Balisage bleu

Difficulté particulière
- secteur inondable en période de crue

❶ À la maison de l'Eau, emprunter la passerelle qui enjambe l'Huisne, longer la rive, franchir un déversoir et atteindre le mur d'enceinte de l'abbaye de l'Épau.

Héron cendré, dessin P.R.

❷ Tourner à gauche, rejoindre la rivière et continuer le long de la rive, sur 400 m.

❸ Laisser le chemin du retour à droite et poursuivre au bord de l'Huisne.

▶ Variante : en tournant à droite, possibilité de découvrir la ferme de la Prairie *(animaux, jardins, ruches et animations…)* puis de rejoindre le repère ❺.

❹ Continuer le long de la rivière, puis la laisser à gauche.

❺ Poursuivre tout droit. Après une allée bordée de douglas *(à droite, verger-conservatoire de pommiers à cidre)*, entrer dans la réserve de faune et flore sauvages *(hérons, rainettes, martins-pêcheurs…)*. Passer un croisement de chemins, puis bifurquer à droite.

❻ Passer près de la mare aux Poissons-Rouges et continuer en sous-bois *(bien suivre le balisage)*.

❼ Longer un étang, passer près des chênes remarquables qui bordent les prairies et retrouver le bord de l'Huisne.

❽ Par l'itinéraire utilisé à l'aller, rejoindre la maison de l'Eau.

Ne pas oublier

À voir

En chemin
- maison de l'Eau
- rives de l'Huisne
- ferme de la Prairie
- réserve de faune et de flore

Dans la région
- Yvré-l'Évêque : abbaye cistercienne de l'Épau
- Le Mans : monuments historiques du centre-ville et musées, cathédrale, muraille gallo-romaine, parcs

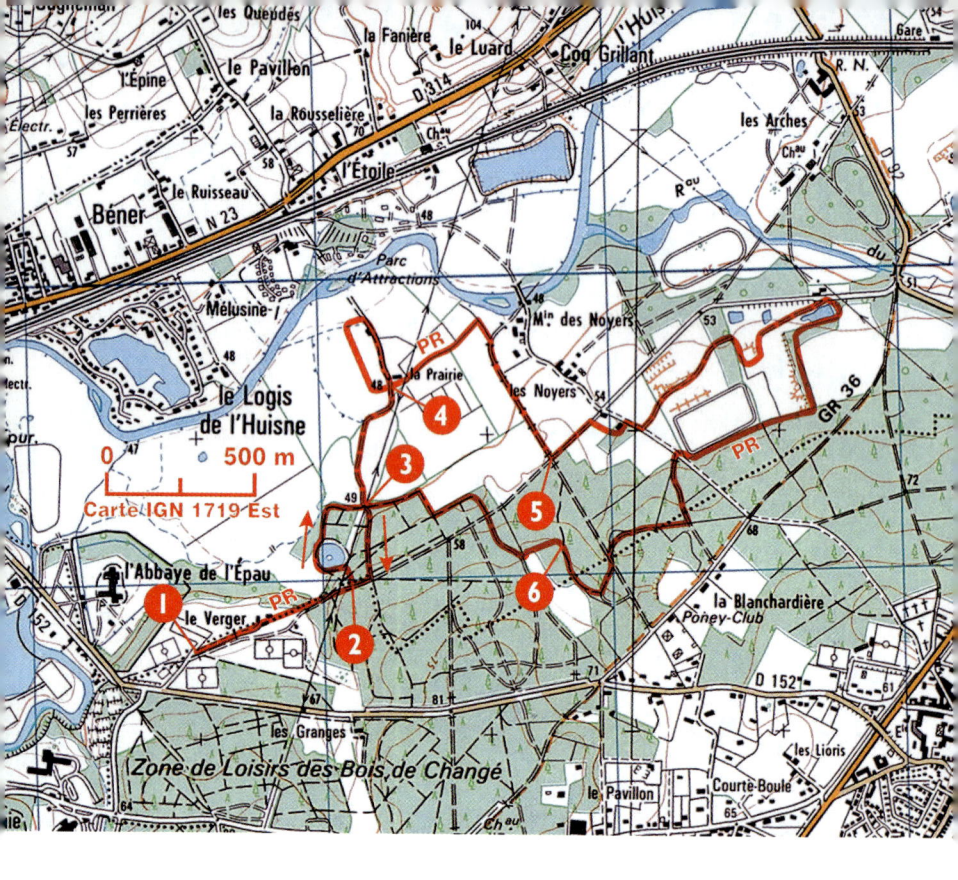

Des fruits et légumes parmi les insectes

Loin de la production agricole intensive, le jardin potager reste un havre de paix qui évolue au rythme des saisons. Avec ses fruitiers et sa grande diversité de légumes, le jardin de la ferme met en valeur le potager traditionnel et présente des techniques originales issues de l'agriculture biologique.

Le verger, quant à lui, présente des espèces en voie de disparition qui marquaient jadis les paysages du Maine, dès le 15e siècle. On y trouve des pommiers à cidre ou à couteau, des poiriers à couteau sarthois...

Outre les végétaux, l'Arche propose aussi la découverte du microcosme (fourmis et abeilles), souvent mal aimé, mais qui joue pourtant un rôle écologique important. Une ruche transparente offre une vision originale de la vie sociale de ces insectes.

photo L.T./A.N.

La prairie bocagère

Fiche pratique 12

2 h 40 — 8 Km — 70m / 48m

Ce circuit vous emmène au cœur du domaine de l'Arche de la Nature, où la ferme de la Prairie présente l'éventail des animaux et la biodiversité agricole de notre région. Face à la ferme, le jardin potager offre à tous ceux qui ont la main verte un bel exemple de cultures traditionnelles et originales.

Potiron, *dessin N.L.*

Situation Arche de la Nature (agglomération du Mans), à l'Est du centre-ville ; accès bus *(lignes n°12, 15 et 19)*

Parking
Le Verger

Balisage
or sur fond blanc

Difficulté particulière
■ secteur inondable en période de crue

Ne pas oublier

❶ Du parking du Verger, prendre à gauche la direction de la ferme de la Prairie et arriver à une intersection.

❷ Tourner à gauche et longer un étang en bordure de la prairie *(à gauche, champ de fleurs sauvages où il est possible, entre juin et septembre, de composer librement son bouquet)*. Longer la lisière à droite et atteindre un croisement.

❸ Se diriger à gauche et gagner la ferme de la Prairie *(vrai conservatoire ressemblant à l'arche de Noé)*.

❹ Effectuer une petite boucle au Nord de la ferme *(animaux suivant les saisons)*.

❹ Se diriger au Nord-Est, vers la rive de l'Huisne, puis tourner à droite. Passer une allée bordée de douglas *(à droite, le verger comprend cent trente variétés fruitières dont la moitié est régionale et locale)* et arriver à un croisement de chemins.

❺ Virer à gauche et entrer dans une réserve d'animaux et de végétaux sauvages. Effectuer une boucle vers l'Est, à travers d'anciennes sablières comblées *(bien suivre le balisage)*. Revenir vers l'Ouest *(à gauche, remarquable châtaigneraie ; à droite, zone de culture puis, plus loin, espace boisé de pins maritimes)* et entrer à gauche en sous-bois.

❻ Passer près de la mare aux Poissons-Rouges, sortir du bois et longer la lisière à gauche. Retrouver le chemin de la ferme.

❸ Entrer dans le bois à gauche, puis tourner à droite.

❷ Rejoindre tout droit le parking.

À voir

En chemin
■ ferme de la Prairie
■ réserve de faune et de flore

Dans la région
■ Yvré-l'Évêque : abbaye cistercienne de l'Épau
■ Le Mans : monuments historiques du centre-ville et musées, cathédrale, muraille gallo-romaine, parcs

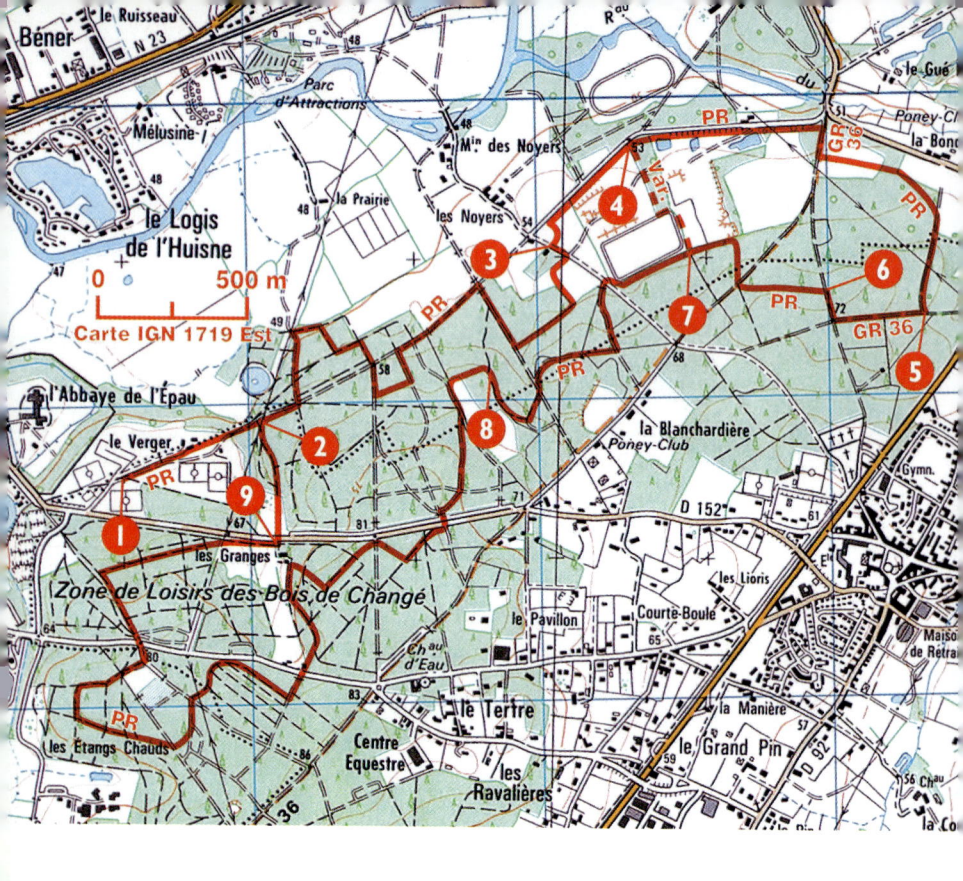

Les secrets cachés de la forêt

Sans l'ONF, la forêt ne serait pas ce que nous en découvrons. Cet organisme est chargé de la protection, de l'entretien des forêts publiques et de l'animation des lieux. Châtaigniers, cèdres du Liban ou marronniers d'Inde… mettent en valeur le site et sa diversité. On peut également y rencontrer toute une faune, de l'écureuil à la couleuvre d'Esculape, et avec de la chance, chevreuil, sanglier, faisan. Selon la saison, écoutez le tambourinage du pic épeiche ou le sifflement strident du troglodyte mignon… Toute une féerie de sons et d'odeurs qui vous charmeront.
Pour vous guider, interrogez les cavaliers verts qui vous accueilleront chaleureusement.

Faon, *photo R.L.*

Le poumon vert de l'Arche

Fiche pratique 13

3h — 12 Km — 85m / 49m

Avec ses 350 hectares de forêt composée à 60% de résineux comme les pins maritimes ou les pins sylvestres, ce parcours situé à l'Arche de la Nature offre aux randonneurs un bon bol d'air !

❶ Du parking du Verger, prendre à gauche la direction de la ferme de la Prairie.

❷ Au croisement, laisser à droite le chemin du retour et continuer tout droit sur 100 m. Tourner à gauche puis à droite en lisière du bois. Entrer à droite dans le bois et utiliser des sentiers boisés qui longent de temps à autre de remarquables prairies *(bien suivre le balisage)*.

❸ Près d'une éolienne et d'un arboretum, entrer à droite dans une réserve de faune et flore sauvages et poursuivre sur 500 m. Atteindre une intersection.

▶ Variante *(circuit de 9,5 km)* : tourner à droite et rejoindre le circuit principal au repère **❼**.

❹ Continuer tout droit, puis déboucher près du carrefour avec la D 92. Prendre le chemin à droite sur 150 m *(balisage blanc-rouge du GR®36)*, puis tourner à gauche et entrer dans la forêt. Suivre le chemin à droite et gagner un croisement.

❺ Virer à droite. À la croisée des chemins, se diriger encore à droite sur 100 m.

❻ Partir à gauche, puis sortir du bois et longer la lisière *(à droite, zone de culture céréalière ; à gauche, châtaigniers)*.

❼ Continuer tout droit, puis entrer à gauche dans le bois *(bien suivre le balisage)*.

❽ Passer près d'une mare mystérieuse, la mare aux Poissons-Rouges, puis se diriger vers la partie Sud de la forêt. Passer aux lieux-dits Les Granges, puis Les Étangs-Chauds *(remarquable châtaigneraie)* et revenir au Nord.

❾ Près de la maison de la Forêt, passer par l'aire de jeux entourée de cèdres, puis retrouver le chemin du Verger.

❷ Se diriger à gauche pour rejoindre le parking.

Situation Arche de la Nature (agglomération du Mans), à l'Est du centre-ville ; accès bus *(lignes n°12, 15 et 19)*

Parking
Le Verger

Balisage
❶ à ❺ vert
❺ à ❻ blanc-rouge et vert
❻ à ❶ vert

Difficulté particulière
■ passages boueux en périodes humides

Ne pas oublier

À voir

En chemin
■ ferme de la Prairie
■ réserve de faune et de flore

Dans la région
■ Yvré-l'Évêque : abbaye cistercienne de l'Épau
■ Le Mans : monuments historiques du centre-ville et musées, cathédrale, muraille gallo-romaine, parcs

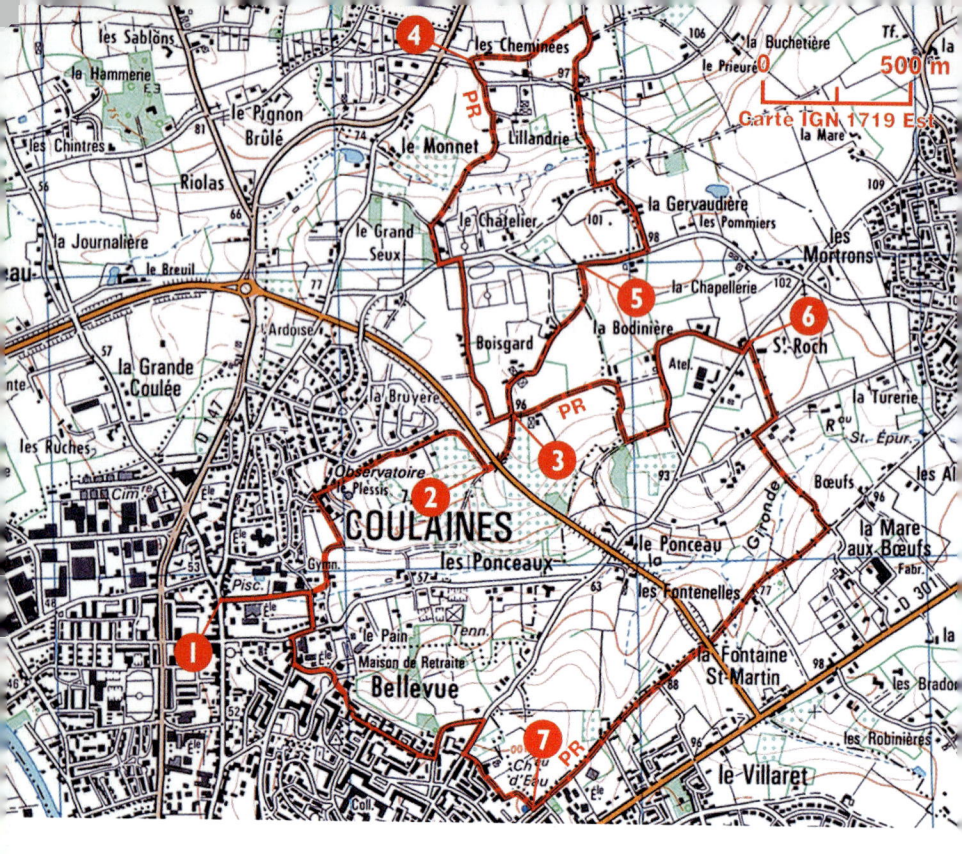

Histoire et tradition

C'est à Coulaines en l'an 843 que Charles le Chauve signa un pacte, lors d'un concile limitant l'autorité royale, et constituant la première charte dans l'histoire du Moyen Age. C'est aussi à Coulaines, au 17e siècle que la tradition fait remonter l'origine de la fête aux œufs durs le lundi de Pâques. Fête religieuse devenue profane, elle symbolise le renouveau printanier. Dès 1871 et bien après la Seconde Guerre mondiale, les manceaux déferlaient vers Coulaines pour « rouler ou bouler » les œufs peints aux multiples couleurs à fleurettes. De nos jours, au prix de grands efforts, un char et sa poule, un peu essoufflée, essaie de perpétuer la tradition... mais la liesse populaire n'y est plus.

Four à chanvre de Coulaines.
photo CUM/P.M.

46

La pierre de saint Roch

Fiche pratique 14

Dès le 9e siècle, Coulaines existait sous le nom de *Colenia* qui se perpétuera en *Colennis* pour prendre ensuite son nom actuel. Charles le Chauve y tint un concile en 844.

3h • 10 Km — 98m / 53m

Situation Coulaines, à 2 km au Nord du Mans par la D 300 ; accès bus *(ligne n°10)*

Parking rue de la Gironde

Balisage bleu

Ne pas oublier

❶ Du parking rue de la Gironde, longer le jardin public et s'engager dans le chemin à gauche. Il passe près des serres de Coulaines, puis d'un ancien four à chanvre. Au Plessis, se diriger à droite sur 500 m. Virer à droite et atteindre une intersection.

❷ Prendre le chemin creux à gauche *(antérieur au Moyen Age, il laisse apercevoir l'affleurement de l'étage cénomanien aux nombreux coquillages, datant de 90 à 85 millions d'années)*. Passer sous la rocade et gagner un croisement.

❸ Prendre la route à gauche, puis virer à droite et contourner le stade par la gauche. Franchir le vallon, puis laisser Lillandrie à droite. Continuer par la route en face sur 50 m.

❹ S'engager sur le chemin à droite. Au croisement en T, tourner à droite, laisser le chemin sur la gauche et couper la route. Franchir à nouveau le vallon, emprunter le chemin à gauche, puis traverser La Gervaudière à droite. Suivre à droite la route de Sargé à Coulaines sur 300 m.

❺ Prendre le chemin à gauche et retrouver le croisement près de la rocade.

❸ Tourner à gauche. Passer près d'un vieux puits voûté en grès *(pierres identiques à celles qui furent utilisées pour la construction de la cathédrale du Mans)*. Le circuit fait un crochet à droite, puis débouche sur une route transversale.

❻ Prendre en face (décalage à gauche) le chemin de Saint-Roch *(pierre en forme de siège où, disait-on, saint Roch, patron des pèlerins, venait s'asseoir)* puis la route à droite sur 50 m. Partir à gauche, passer sous le pont d'un ancien tramway départemental *(ligne Le Mans-Mortagne, un des premiers chemins de fer d'intérêt local)* et franchir le ruisseau de la Gironde. Emprunter à droite le chemin des Fontenelles *(ancienne voie romaine)*, couper la route et continuer tout droit jusqu'au château d'eau.

❼ Tourner à droite et traverser le quartier de Bellevue *(bien suivre le balisage)* pour rejoindre Coulaines.

À voir

En chemin
■ four à chanvre ■ vieux puits voûté en grès ■ pierre de Saint-Roch, en forme de siège ■ Coulaines : église Saint-Nicolas (tour carrée 19e surmontée d'un clocher en charpente hourdée unique dans la région, pierre gravée de 1556 dans la nef)

Dans la région
■ Coulaines : manoir de Monnet 16e, pavillon du Petit-Verger (vers l'ancien cimetière), aqueduc des Fontenelles

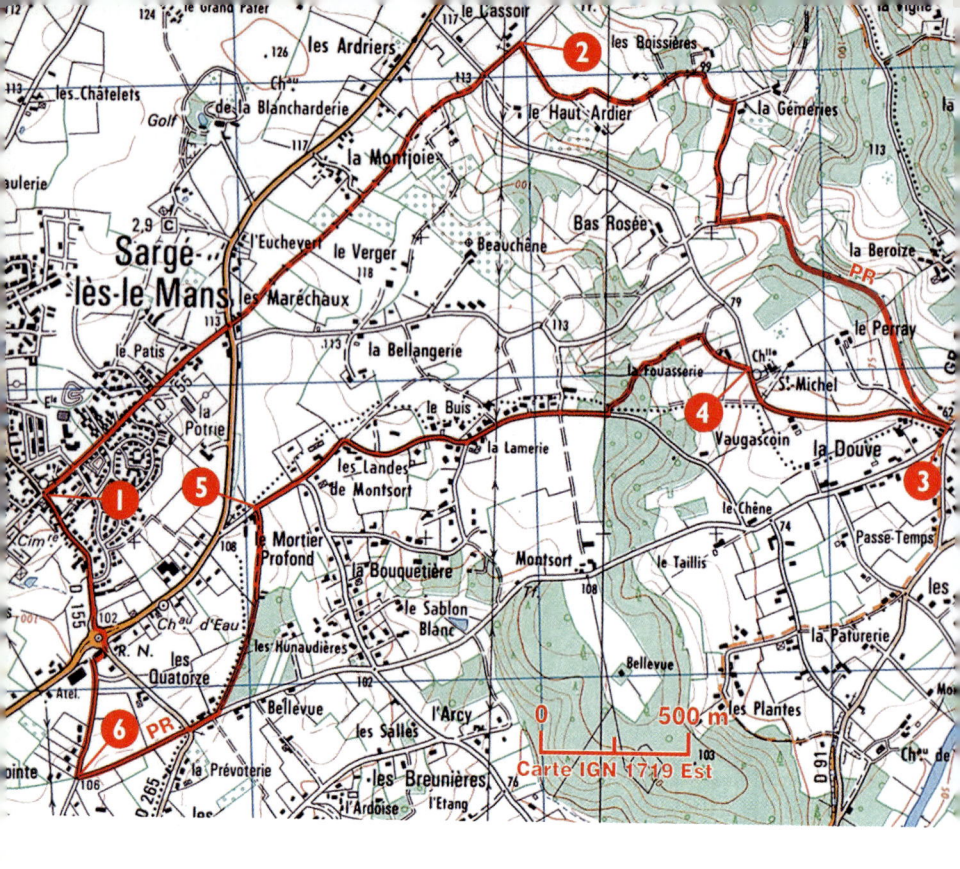

Sargé... les vignes !

Le cadastre « napoléon » de 1810 confirme que Sargé produit en quantité non négligeable un vin, qui, s'il n'est pas un nectar, se laisse toutefois boire sans déplaisir. La liste des clos sur la commune est importante : les clos de Brouhazes, du Mormont, du Fossé-au-Long ou Fossé-au-Loup, du Mortier, du Grand-Enfer, regroupent à eux seuls plus de deux cents parcelles. Le clos de Maubouteille, le bien nommé, est cultivé en 48 parcelles. L'Andouillerie, le Saint-Morice, la Closerie, Le Maucartier, La Rosée totalisent eux aussi près de 200 parcelles. Ce sont donc au moins 66 hectares de vignes qui sont exploités à Sargé, étagés sur les coteaux qui dominent les prairies de l'Huisne. Un tonnelier avait pignon sur rue... Belle photographie d'un passé à jamais révolu.

Église Saint-Aubin de Sargé-lès-le-Mans, *photo CUM/P.M.*

48

Les chemins médiévaux

Fiche pratique 15

3 h — 10 Km

115m / 60m

Ce circuit vous emmène au cœur de l'histoire médiévale avec ses église, chapelle, pierres tombales, sa toponymie et ses magnifiques chemins creux sous un couvert végétal rappelant la voûte d'une cathédrale.

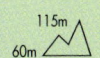

Situation Sargé-lès-le-Mans, à 4 km au Nord-Est du Mans par la D 301 ; accès bus (ligne n°30)

Parking église

Balisage rose

Ne pas oublier

❶ De la place de l'Église *(pierres tombales derrière l'édifice)*, se diriger vers Savigné-l'Évêque par la D 155. Au lieudit Les Maréchaux, traverser la D 301 *(prudence)* et continuer par l'ancienne voie romaine *(qui avait pour origine le centre du Mans)*. Laisser La Montjoie à gauche, couper la route et arriver au Cassoir.

❷ Tourner à droite vers Les Boissières, puis descendre dans un vallon par de remarquables chemins creux médiévaux. Passer La Gémeries. Au croisement, prendre le chemin à gauche. Il se faufile dans la vallée. Déboucher au lieudit La Perche.

❸ Ne pas rejoindre le carrefour routier à gauche, mais emprunter la route à droite. Elle mène à la chapelle.

Digitale pourpre, dessin N.L.

❹ Bifurquer à gauche, passer devant La Fouasserie *(chemin médiéval)*, puis monter à gauche dans le bois. Prendre la route à droite. Elle traverse La Lamerie, Le Buis et Les Landes-des-Montsort, puis vire à gauche. Laisser la route à gauche et continuer sur 150 m.

❺ Partir à gauche, passer Le Mortier-Profond et poursuivre par le chemin. Prendre la route à droite, couper la D 265 *(prudence)*, continuer par la route en face et arriver à La Pointe.

❻ Tourner à droite et déboucher au carrefour giratoire de la D 301. Le traverser par les passages réservés aux piétons, puis continuer par la D 155 pour revenir à Sargé.

À voir

En chemin
- ancienne voie romaine
- chemins médiévaux
- chapelle Saint-Michel
- Sargé-lès-le-Mans : église Saint-Aubin (retable, pierres tombales 9e), pont 1897 du tramway (ligne Le Mans-Bonnétable), ancienne grange dîmière (12, rue de Ballon), prieuré

Dans la région
- Sargé-lès-le-Mans : golf et château de la Blancharderie
- Yvré-l'Évêque : abbaye cistercienne de l'Épau
- Le Mans : monuments historiques du centre-ville et musées, cathédrale, muraille gallo-romaine, parcs

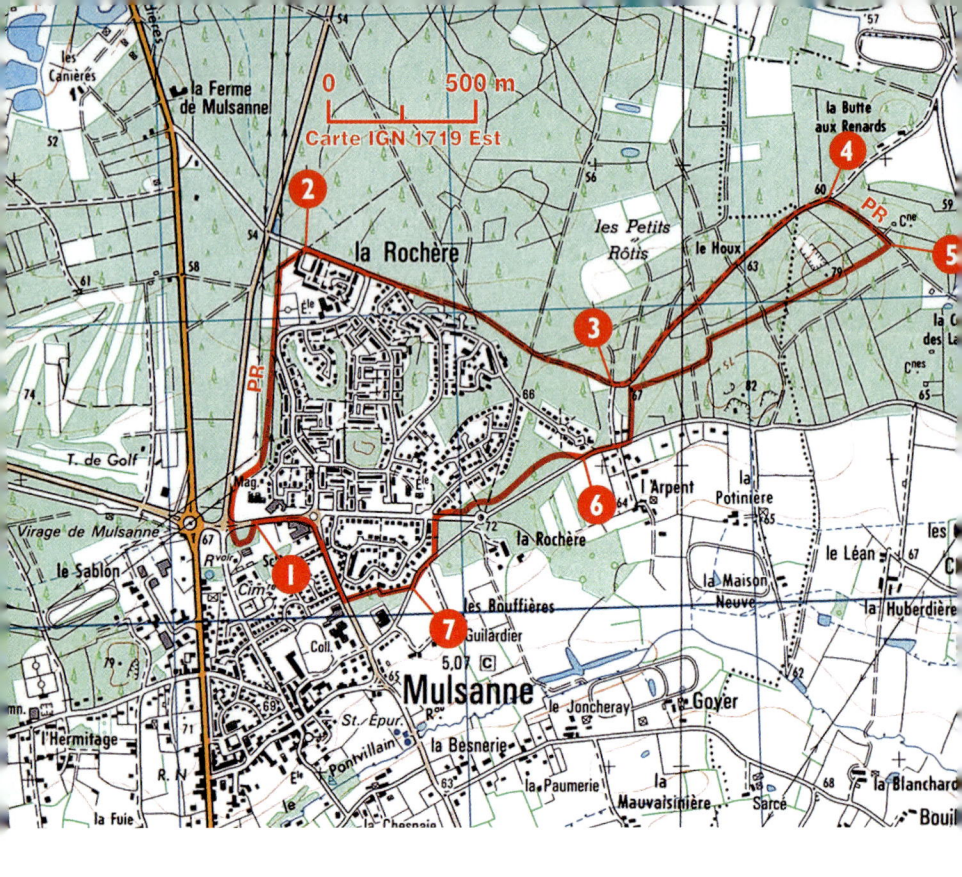

Le virage qu'il faut prendre

Tout au bout des Hunaudières, où l'on est sur un nuage, voici Mulsanne et son virage où bien des pilotes émérites ont fini, au mieux, la course dans le sable ; le pire étant l'envolée dramatique d'une Mercedes signant l'arrêt de mort de son pilote.

Portion mythique d'un circuit où l'on peut se prendre à rêver d'être une gloire du volant, l'espace d'un instant seulement.

Le blason de Mulsanne évoque aussi les essais de vol, en 1908, de Wilbur-Wright, sous l'œil attentif de Léon Bollée, autre gloire mancelle.

C'est à cet endroit que fut construit en 1939 un camp pour soldats anglais. Les Allemands y entassèrent les prisonniers français avant d'en devenir, à leur tour, les locataires. Plus pacifiquement, ce lieu est désormais un golf très prisé.

Monument canadien, à Mulsanne, photo J.R

Le circuit du Houx

Fiche pratique 16

2 h 20 — 7 Km

72m / 54m

Au pied du célèbre circuit automobile des Vingt-Quatre-Heures-du-Mans, une agréable promenade sous les pins sylvestres et maritimes où l'écureuil est roi.

Situation Mulsanne, à 10 km au Sud du Mans par la N 138

Parking square Bentley (face au centre commercial)

Balisage jaune

Ecureuil roux, *dessin P.R.*

❶ Traverser le square Bentley et en sortir face au centre commercial. Aller à gauche et longer la D 140 vers le Nord. Partir à droite, derrière le centre commercial, pour suivre le parcours-santé.

❷ Prendre à droite le boulevard des Grands-Rôtis sur 300 m. Continuer sur la gauche le long du bois en laissant la rue des Fauvettes à droite. Poursuivre dans le bois *(pins et châtaigniers)* sur 800 m et déboucher dans une clairière.

❸ Emprunter à gauche l'allée cavalière sur 1 km.

❹ Au croisement, prendre la grande allée à droite sur 200 m.

❺ Entrer à droite dans le bois de pins, gravir la butte, puis continuer tout droit. Au bout de l'allée, tourner à gauche. Emprunter la route de Brette-les-Pins à droite sur 350 m.

❻ Partir à droite dans le sous-bois de châtaigniers et gagner le rond-point de la Rochère *(chênes verts)*. Aller à droite en direction du bourg sur 50 m puis, avant le lotissement, entrer à gauche dans l'espace vert. Prendre la route à droite sur 200 m.

❼ Pénétrer à droite dans le petit bois en laissant à gauche la salle des fêtes pour arriver en face des gymnases. Prendre à droite l'allée piétonne jusqu'au rond-point, puis se diriger à gauche vers le centre Simone-Signoret et retrouver le parking Bentley.

Cônes de pin maritime, *dessin N.L.*

Ne pas oublier

À voir

En chemin

■ square Bentley : arbres d'essences différentes et rares dans nos régions ■ bois de pins et de châtaigniers ■ La Rochère : chênes verts ou yeuses

Dans la région

■ Mulsanne : fronton de l'école des filles (place de l'Église), chapelle de la Rochère 16e, ancien moulin de la Madeleine, monument canadien (par le chemin de Laigné) ■ circuit des Vingt-Quatre-Heures (virage d'Indianapolis) ■ golf du Mans

À Ruaudin, y a point d'pain...

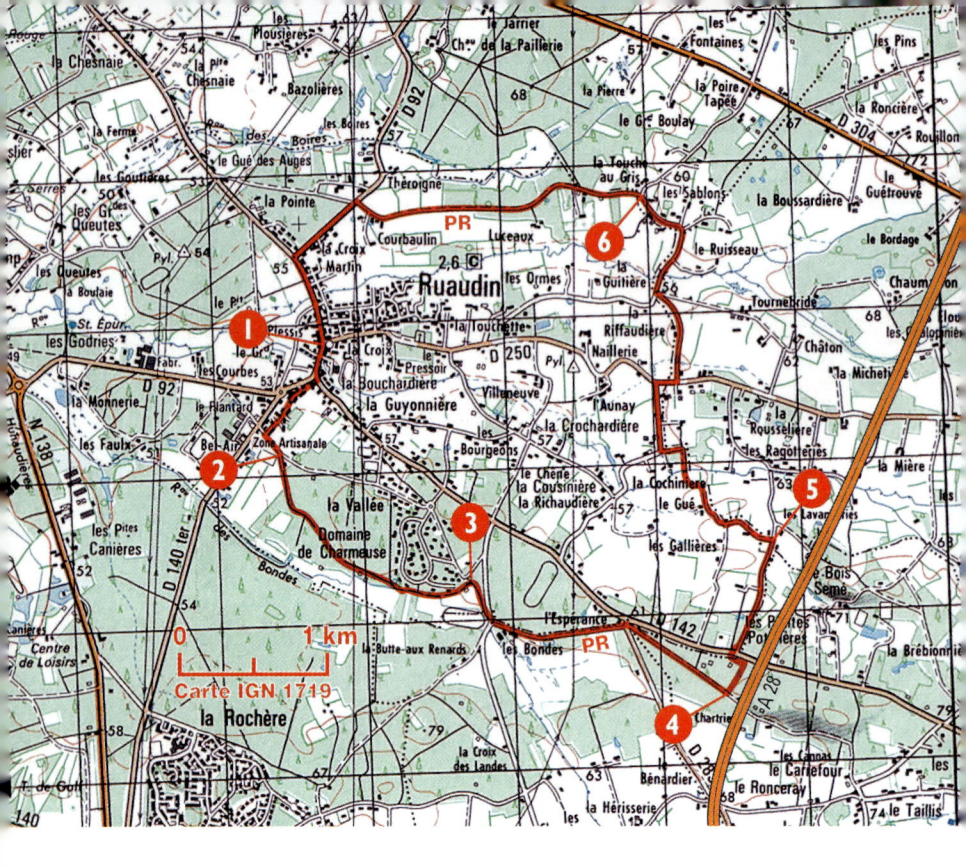

"À Ruaudin, y a point d'pain ; à Brette, y en a eun'miette ; à Téloché, y en a plein l'guernier". Dicton populaire tombé en désuétude car, depuis la moitié du 20e siècle, Ruaudin a plus que doublé sa population, passée à 3 000 âmes, d'où la nécessité d'un boulanger. Quatre ruisseaux aux noms évocateurs abreuvent le bourg : le Roule-Crotte, l'Arche-aux-Moines, les Bondes et les Boires, bien utiles pour irriguer ce sol sablonneux.

L'église Saint-Pierre renferme un remarquable vitrail du début du 20e signé Échivart. Ce maître verrier manceau est toujours exposé au musée d'art moderne de New York. L'autre particularité de Ruaudin est d'être longé par la fameuse ligne droite des Hunaudières, du circuit des 24 Heures du Mans.

Lavoir, à Ruaudin, *photo J.R.*

L'Arche aux Moines

Fiche pratique 17

3 h 30 — 14 Km

66m / 52m

Vous découvrirez une succession de paysages variés forestiers et campagnards ainsi que des ruisseaux qui arrosent ce village : le Roule-Crotte, les Bondes et l'Arche-aux-Moines.

Cynorhodon, dessin N.L.

❶ De la place de l'Église, tourner à gauche en direction de Mulsanne. Passer devant le lavoir *(en arrière-plan, salle polyvalente et complexe sportif)*, traverser la cité du Plantard, puis se diriger à gauche vers Bel-Air.

❷ S'engager à droite sur le chemin qui traverse le bois de pins. Longer le domaine de Charmeuse puis le ruisseau des Bondes *(remarquer les deux petits ponts en pierre de Roussard)*.

❸ Au croisement, tourner à droite, couper la route et continuer tout droit par le chemin qui longe un élevage de chevaux. Traverser la D 283 et emprunter le sentier sablonneux entre les pins sur 750 m. Arriver en vue de l'autoroute.

❹ Ne pas continuer en face sur le pont réservé uniquement au passage des animaux, mais tourner à gauche. Emprunter la D 142 à gauche, puis suivre la route à droite sur 800 m.

❺ Prendre le chemin à gauche, passer au lieudit Le Gué et atteindre La Cochinière. Emprunter la route à droite. Au carrefour, suivre la D 250 à droite, puis la route à gauche. Après La Riffaudière, aller tout droit, franchir le ruisseau de l'Arche aux Moines, puis continuer par la route jusqu'aux Houx.

❻ Bifurquer à gauche. Laisser le chemin à droite puis Le Verger à gauche et continuer par le chemin ombragé sur 2 km. Après Courbaulin, emprunter la D 92 à gauche puis la D 142 à gauche pour revenir au centre du bourg.

Situation Ruaudin, à 8 km au Sud-Est du Mans par les N 138 et D 92

Parking à l'église

Balisage bleu

Ne pas oublier

À voir

En chemin

■ puits et lavoir ■ petits ponts en pierre de Roussard
■ Ruaudin : église Saint-Pierre (vitrail d'Échivart)

Dans la région

■ Ruaudin : pierre gravée 1869 (3, route de Parigné), ferme typique du Grand-Plessis, maison Directoire de La Monnerie (D 92), hippodrome des Hunaudières (à l'intérieur du circuit des Vingt-Quatre-Heures)

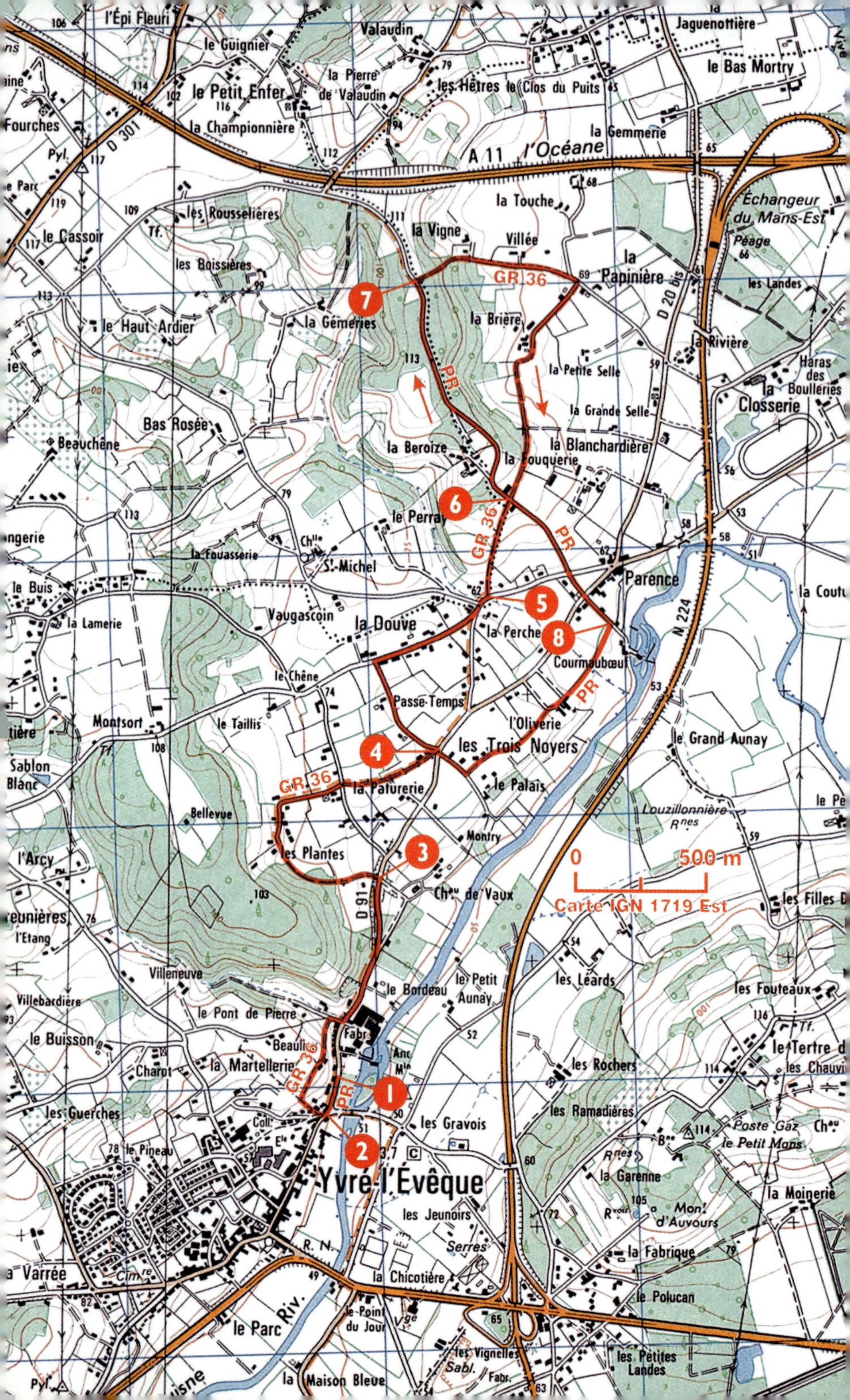

GR 36
PR
1
2
3
4
5
6
7
8
0
500 m
Carte IGN 1719 Est
Yvré-l'Évêque
A 11 l'Océane
Parence
la Papinière
les Trois Noyers
la Douve

Sentier de La Perche

Fiche pratique 18

3 h — 10,5 Km
112m / 50m

Ce parcours boisé permet de découvrir la vallée de l'Huisne et le rebord du plateau de Sargé.

Sandre, dessin P.R

❶ Suivre la route vers le centre d'Yvré jusqu'au carrefour.

❷ Monter à droite par le chemin de la Prébende *(vues sur le pont Romain et l'usine de Literie, ancienne filature à chanvre du milieu 19e ; en bas à gauche, fontaine de Gérence)*. Au croisement, tourner à droite, puis emprunter la D 91 à gauche *(prudence)*. Passer devant la fabrique et continuer tout droit vers Parence jusqu'à la seconde entrée du château de Vaux.

❸ Emprunter à gauche le chemin Cabaret. Traverser Les Plantes, couper la route et continuer en face vers La Paturerie. Déboucher sur la D 91.

❹ Prendre à gauche la route vers Passe-Temps, puis la route de Parence à droite jusqu'au carrefour de La Perche.

▶ À gauche, possibilité d'utiliser le circuit de Sargé.

❺ S'engager sur le remarquable chemin creux qui monte sur la crête et déboucher sur une route.

❻ La prendre à gauche sur 900 m. Elle passe au pied du château de la Beroize et traverse le bois.

❼ Descendre dans le bois à droite par le chemin en pente raide. A La Papinière, tourner à droite vers La Brière *(zone de vergers et d'habitats ruraux typiques)*. Poursuivre par le chemin. Il s'élève puis longe La Petite-Beroize avant de retrouver la route.

❻ Emprunter la route à gauche. Elle descend vers le moulin de Courmaubœuf (propriété privée).

❽ Juste avant le moulin, s'engager à droite sur le chemin bordé de noyers. Continuer toujours tout droit *(bien suivre le balisage)*, passer au hameau des Trois-Noyers, puis prendre le chemin goudronné à droite et retrouver la D 91.

❹ La traverser à nouveau et, par l'itinéraire utilisé à l'aller, rejoindre les bords de l'Huisne et le parking.

Situation Yvré-l'Evêque, à 6 km à l'Est du Mans par la D 314 ; accès bus (ligne n°40)

Parking aire de pique-nique au bord de l'Huisne (panneau de randonnées)

Balisage
- ❶ à ❸ blanc-rouge
- ❸ à ❹ vert
- ❹ à ❺ blanc-rouge
- ❺ à ❻ vert
- ❻ à ❺ blanc-rouge
- ❺ à ❸ vert

Difficulté particulière
■ prudence sur la D 91 entre ❷ et ❸

Ne pas oublier

À voir

En chemin
■ points de vue sur le pont Romain et la fontaine de Gérence ■ ancienne filature Leduc-Ladevèze ■ château de Vaux (Eugène Caillaux, maire d'Yvré, en fut propriétaire ; on lui doit le tunnel au Mans) ■ habitat rural typique

Dans la région
■ monument d'Auvours
■ Arche de la Nature
■ écurie du château des Arches (Viollet-le-Duc)

Histoire d'évêques

Le nom d'Yvré proviendrait probablement d'*Ivorcia*, nom du lieu où, du temps des Romains, l'on dressait les chevaux. La commune doit son nom, Yvré-l'Évêque, aux habitations que possédaient ici les évêques du Mans.

Le nom de la fontaine de Gérence serait lié à celui de la mère de sainte Geneviève, qui recouvra la vue grâce à l'eau de la source du village. La construction du 18e siècle qui s'élève au-dessus de la source est un don de Monseigneur de Jarente, évêque d'Orléans, qui, ayant découvert les vertus de cette eau, en envoyait chercher toutes les semaines pour en faire sa boisson ordinaire.

Le pont de Pierre, ou pont Romain, a été construit par l'évêque Jean du Bellay en 1550. Il permettait d'accéder au chemin aux Bœufs pour rejoindre Paris.

L'abbaye de l'Épau

Bien que construite tout près du Mans, l'abbaye de l'Épau se situe à Yvré. Ce joyau cistercien, lové dans un écrin de verdure, a été fondé en 1229 par Bérengère de Navarre, veuve de Richard Cœur de Lion.
Incendiée en 1365, reconstruite puis remaniée au fil du temps, la Révolution la vend au plus offrant. En 1810, elle devient exploitation agricole et agonise petit à petit avant d'être reconvertie en garage pour l'armée d'occupation. Cependant une bonne fée veille... À moins que ce ne soit la reine Bérengère elle-même, car son tombeau est découvert dans la salle capitulaire en 1960.
Acquise en 1959 par l'assemblée départementale, l'abbaye est restaurée et reprend vie.
Du cultuel au culturel, en passant par le touristique, c'est devenu un lieu d'expositions riches et variées.

Pont romain à Yvré-l'Évêque, *photo J.R.*

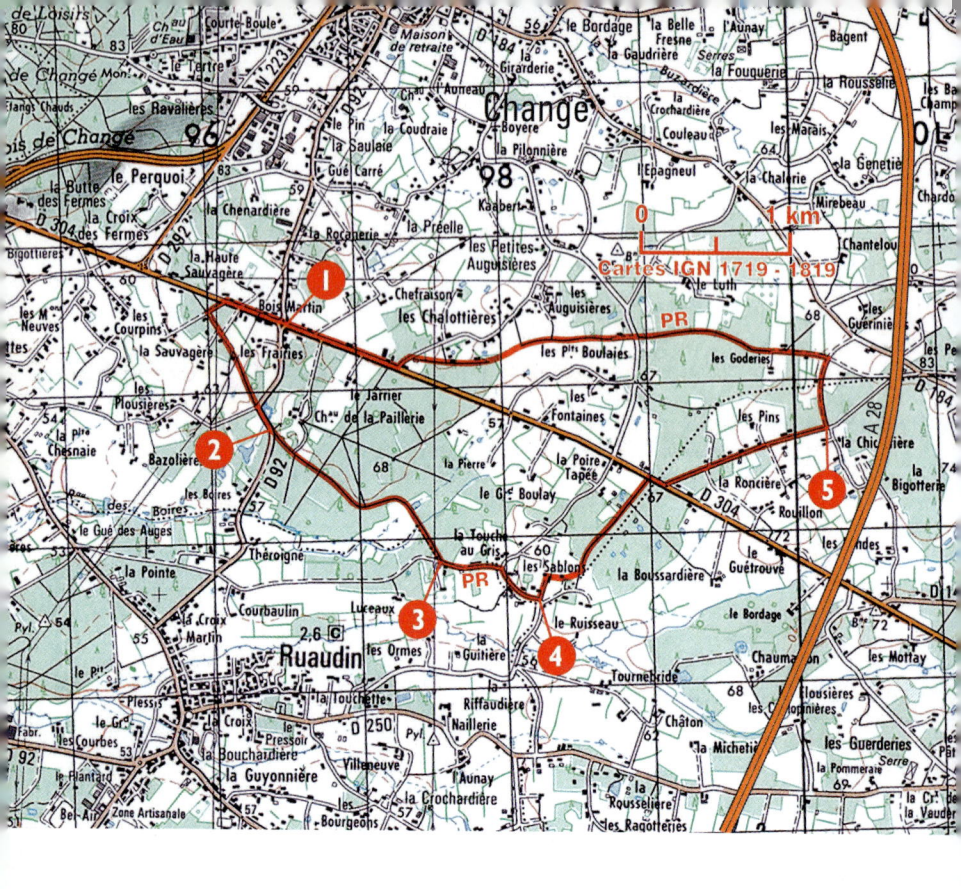

Le château de la Buzardière

Autrefois protégé par des douves, ce château en ruine a conservé sa porte défendue par deux échauguettes. Au fond d'une cour, un manoir du 15e siècle, agrémenté d'une tour hexagonale, offre au regard un enchevêtrement de toits assis sur un pavillon carré assez massif. Une chapelle éclairée par de hautes baies, incendiée en 1955 et depuis restaurée, veille paisiblement sur l'ensemble. Sous Louis XIV, la famille de Nicolas de Murat en devient propriétaire et y réside pendant tout le 18e siècle. En 1806, l'héritière s'unit au comte Aymard de Nicolay, apportant en dot la Buzardière qui sera désertée au profit de Montfort-le-Rotrou, où sera édifié un château au goût de l'époque. La Buzardière deviendra alors un rendez-vous de chasse célèbre, avant de sombrer dans l'oubli.

La campagne alentour, *photo J.R.*

Le trésor des Goderies

Fiche pratique 19

Suivez les traces de ce trésor découvert en 1982 dans un jardin. Le vieux pot abandonné depuis 1600 ans contenait 421 monnaies de bronze !

Sanglier, dessin P.R

❶ Suivre la D 304 en direction du Mans en empruntant les larges bermes *(prudence : route très fréquentée)* sur 350 m. S'engager sur la large allée à gauche, puis tourner à gauche dans une nouvelle allée. Continuer par la D 92.

❷ Poursuivre tout droit par le chemin *(à gauche, le château de la Paillerie qui, malgré ses allures Renaissance, ne date que du 19e siècle)*. Continuer par le chemin goudronné en limite des communes de Changé et de Ruaudin.

❸ Laisser le chemin à droite, puis emprunter à droite la route qui traverse Les Houx.

❹ Après les habitations, prendre le chemin à gauche *(la mare marque la limite des communes de Changé, Ruaudin et Parigné)*. Il vire à droite puis à gauche et débouche sur la D 304. La longer à droite sur 100 m *(prudence)*, puis la traverser et suivre la longue allée goudronnée rectiligne sur 1,2 km.

❺ S'engager sur le chemin de terre à gauche, puis emprunter l'ancien chemin de Saint-Calais à gauche *(il se prolongeait même jusqu'à Orléans ou, à l'époque romaine, Génabum)*. Passer devant la fermette typiquement sarthoise des Goderies, couper la route et continuer en face à travers une vaste zone de cultures. Au bout, prendre la route à gauche, puis longer la D 304 à droite sur 800 m, en utilisant une des bermes *(prudence)*, pour rejoindre le carrefour de Bois-Martin.

---

3 h — 10 Km
74m / 55m

Situation Changé, à 10 km à l'Est du Mans par la N 223

Parking carrefour de Bois-Martin, à 1,5 km au Sud de Changé par la D 92

Balisage vert

Difficulté particulière
■ prudence sur le parcours le long de la D 304 entre ❶ et ❷ puis ❺ et ❶

Ne pas oublier

À voir

En chemin
■ château de la Paillerie
■ ancienne voie romaine
■ fermette typique des Goderies

Dans la région
■ Changé : clocher Saint-Martin détruit le 8 août 1944 par un obus américain
■ château de la Buzardière
■ moulin des Noyers (Arche de la Nature) ■ zone de loisirs des Bois-de-Changé
■ Yvré-l'Evêque : parc d'attraction Papea City

59

La pierre aux Bergers

Dans les sapinières derrière Loudon, se trouve le menhir appelé « pierre aux Bergers ». Pierre plate, terminée en pointe à 1,6 mètre de haut sur 1,75 mètre de large à sa base, elle fut longtemps le point de ralliement de ces hommes, vêtus d'une vaste houppelande, bâton en main, qui menaient les troupeaux.

On lui attribuait une vertu de protection des moutons, mais encore fallait-il se préoccuper de respecter un certain rite. Cette pierre, qui pouvait peut-être suggérer la présence de la Vierge (patronne de l'église et de la paroisse) devait être abordée par le lever du soleil et trois fois, le berger devait en faire le tour en esquissant le signe de la croix et en proclamant : « Je te barre et je te contrebarre, je te croise et je te surcroise ». Soulagé, le berger pouvait ensuite rejoindre ses brebis sans crainte de rencontrer des loups ou d'être victime de la maladie. Si par malheur, quelque calamité s'abattait sur ses bêtes, c'est qu'il avait mal prononcé ses paroles ou mal interprété ses signes de croix.

Les étangs de Loudon

Fiche pratique 20

2h40 — 8 Km
93m / 81m

Situation Parigné-L'Évêque, à 15 km au Sud-Est du Mans par la D 304

Parking étangs de Loudon, à 5 km au Nord du bourg par la D 52 et la route de Saint-Mars-la-Brière

Balisage
❶ à ❹ blanc-rouge
❹ à ❶ violet

Parigné-l'Evêque est une commune très étendue et très boisée : pins au Nord avec dunes de sables, châtaigniers et bouleaux au Sud. Le circuit permet de découvrir le charme des nombreux sous-bois et des vastes landes.

Nénuphars blancs, dessin N.L.

Ne pas oublier

❶ Du parking, partir vers le Sud en direction de Parigné. La route longe le grand étang de Loudon.

❷ Bifurquer à droite sur le chemin de Montmorillon qui parcourt la lande.

❸ Emprunter à gauche l'ancien chemin du Mans à Saint-Calais *(ancienne voie romaine)*, traverser la D 52 et arriver à la hauteur de la ferme de la Saulais.

❹ Tourner à gauche. Juste avant la D 52, prendre à droite le chemin à travers bois. Suivre la route à gauche et gagner La Raterie.

❺ Obliquer sur le chemin à droite, continuer en sous-bois, traverser la D 52 et s'engager à gauche dans une allée forestière qui passe à proximité de la Pierre aux Bergers.

❻ Utiliser à gauche une allée pare-feu. Elle vire à gauche et mène à la ferme ruinée de la Fontaine-de-Loudon.

❼ Tourner à droite, franchir les ruisseaux *(entre ces deux ruisseaux, ruines du prieuré de Loudon)*, puis parcourir dans le bois 150 m.

❽ Virer à gauche, puis emprunter la route à gauche. Elle reconduit au parking des étangs.

À voir

En chemin
■ étangs de Loudon ■ menhir de la Pierre aux Bergers
■ ruines du prieuré de Loudon

Dans la région
■ Parigné : lanterne des morts 11e (dans le cimetière) colombier du Breil (par la D 304) ■ châteaux de la Vaudère (D 250) et de Montbray (D 52)

61

RÉALISATION

Les itinéraires décrits dans ce topo-guide ont été réalisés ou proposés, balisés et contrôlés par les bénévoles du Comité Départemental de la Randonnée Pédestre de la Sarthe en étroite coopération avec le Conseil Général de la Sarthe, la ville du Mans et le Comité Départemental du Tourisme de la Sarthe.

Le balisage et la maintenance sont assurés par le Comité Départemental de la Randonnée Pédestre de la Sarthe ainsi que par les collectivités locales avec l'aide des Associations.

Ont contribué à la rédaction de cette œuvre collective : la commission « topo-guide » animée par Serge Lorillier, Jean-Paul Boisard (Président du CDRP), Jean-Claude Dezileau, Claude Aubry, Michel Chapin, Alain Esnault, Jean Genez, Jami Lhuillier sans oublier Jean-François Bourreau, Daniel Levoyer (pour les articles thématiques et le texte « découvrir Le Mans et ses environs ») et Jeannine Ruelle (pour le texte « découvrir Le Mans et ses environs »), Marie-France Hélaers, mais aussi les collectivités locales et les associations de randonnée.

La saisie informatique a été assurée par le CDRP : Géraldine Danguy.

Les infos pratiques ont été rédigées avec la collaboration d'Anne-Marie Minvielle.

Les photographies sont de : G. Bertin (G.B.), André Joubert (A.J.), Jean Roussel (J.R.), Jean-Claude Dezileau (J.-C.D.), Bertrand Vildard / Ville du Mans (B.V./V.M.), Communauté Urbaine du Mans / Pierre Mesnage (C.U.M./P.M.), Laurent Tavernier / Arche de la Nature (L.T./A.N.), Rémi Lepiney (R.L.).

Les dessins naturalistes sont de Nathalie Locoste (N.L.) et Pascal Robin (P.R.).

En couverture : Muraille gallo-romaine du Mans *(photo Bertrand Vildard / Ville du Mans)* ; vignette haut : martin-pêcheur *(photo Rémi Lepiney)* ; vignette bas : Arche de la Nature *(photo Laurent Tavernier)*.

Montage du projet et direction des collections : Dominique Gengembre. Secrétariat d'édition : Nicolas Vincent, Philippe Lambert. Cartographie et couverture : Olivier Cariot, Frédéric Luc. Mise en page : Delphine Sauvanet, Matthieu Avrain, Nicolas Vincent. Suivi de fabrication : Jérôme Bazin. Lecture et corrections : Brigitte Bourrelier, Jean-Pierre Feuvrier, Élizabeth Gerson, Anne-Marie Minvielle, Hélène Pagot et Gérard Peter.

Création maquette : Florelle Bouteilley, Isabelle Bardini-Marie Villarem, FFRP. Les pictogrammes et l'illustration du balisage ont été réalisés par Christophe Deconinck, excepté les pictogrammes de jumelles, gourde et lampe de poche qui sont de Nathalie Locoste.

Cette opération a été réalisée dans le cadre d'un partenariat avec le Conseil Général de la Sarthe, la Communauté Urbaine du Mans, la ville du Mans et avec la collaboration du Comité Départemental du Tourisme de la Sarthe.

FFRP

Fédération **F**rançaise de la **R**andonnée **P**édestre
association reconnue d'utilité publique
14, rue Riquet
75019 PARIS

BIBLIOGRAPHIE ET CARTOGRAPHIE

• Les extraits de carte reproduits proviennent des cartes IGN au 1 : 25 000 n° 1619 E, 1719 E et 1819 O

Pour une vision plus large de la région, nous vous conseillons les cartes suivantes :
- Carte IGN au 1 :100 000 : Top 100 n° 19
- Carte Michelin au 1 : 200 000 : n° 232

• Pour connaître la liste des Topo-guides® édités par la FFRP, demander notre catalogue gratuit au Centre d'information *Sentiers et randonnée* (voir Infos pratiques p.8).

INDEX DES NOMS DE LIEUX

A Allonnes 27
Arche de la Nature . . . .
. . . . 41, 43, 45
Arnage 31
C Changé 59
Coulaines 47
E Étival-lès-le-Mans 17
L La Chapelle-Saint-Aubin . . .
. . . . 29

Le Mans 33, 37
M Mulsanne 51
P Parigné-l'Évêque 61
Pruillé-le-Chétif 21, 23
R Rouillon 25
Ruaudin 53
S Saint-Georges-du-Bois . . 19
Sargé-lès-le-Mans . . 37, 49
Y Yvré-l'Évêque 37, 55

Avertissement : les renseignements fournis dans ce topo-guide sont exacts au moment de l'édition. Toutefois, certaines transformations du paysage engendrées par l'urbanisation, la création de nouvelles routes ou lignes ferroviaires, l'exploitation forestière ou agricole, etc., peuvent modifier le tracé des itinéraires. Le balisage sur le terrain devient alors l'élément prioritaire du repérage, avant la carte et le descriptif. N'hésitez pas à nous signaler les changements. Les modifications seront intégrées lors de la réédition.

Toute représentation ou reproduction, par quelque procédé que ce soit, constituerait une contrefaçon sanctionnée par les articles L. 335-2 et suivants du Code de la propriété intellectuelle.
Les extraits de cartes figurant dans cet ouvrage sont la propriété de l'Institut Géographique National. Leur reproduction dans cet ouvrage est autorisée par celui-ci.
Le tracé de l'itinéraire sur les fonds de carte IGN est la propriété de la FFRP.
Topo-guide des sentiers de Grande Randonnée®, Sentiers de Grande Randonnée®, GR®, GR® Pays, PR®, « à pied® », « les environs de… à pied® », ainsi que les signes de couleur blanc-rouge , et jaune-rouge qui balisent les sentiers sont des marques déposées.
L'utilisation sans autorisation de ces marques ferait l'objet de poursuites en contrefaçon de la part de la FFRP.

1ère édition : juin 2002
©FFRP-CNSGR 2002- ISBN 2-85699-877-1 © IGN 2002 (fond de cartes)
Dépôt légal : juin 2002
Compogravure : MCP
Impression : JOUVE, Mayenne